테크넷과 함께하는
엔터프라이즈 솔라리스 11으로 배우는
유닉스&리눅스
입문 핵심 가이드 개정판 2nd Edition

저자 약력

김석

한국 최초의 오라클 에이스 디렉터
(세계 최초의 솔라리스 에이스 디렉터)
현)주식회사 노브레이크 수석컨설턴트
현)안산대학교 IT응용보안과 겸임교수
현)솔라리스 테크넷 운영진
현)솔라리스 스쿨 운영진
전)한국 솔라리스 커뮤니티 연합 운영진
전)한국 소프트웨어 커뮤니티 연합 운영진

한국썬교육센터/한국오라클교육센터/한국후지쯔교육센터
한국인터넷진흥원/부산정보산업진흥원
삼성전자/SK/LG/포스코
행정안전부/대검찰청/경찰청/국방부 등 기관 및 대학 강의

장성균

현)주식회사 노브레이크 선임컨설턴트
현)솔라리스 테크넷 운영진

한국오라클교육센터/한국후지쯔교육센터
한국인터넷진흥원/부산정보산업진흥원
지식정보보안산업협회
KT/KTDS/더존정보보호서비스
마중물교육센터/안산대학교
한국지역정보개발원/한국정보기술원 등 기관 및 대학 강의

한재경

현)주식회사 노브레이크 컨설턴트

한국레드햇 공인교육센터
한국정보보호산업협회
안산대학교

테크넷과 함께하는
엔터프라이즈 솔라리스 11으로 배우는
유닉스&리눅스
입문 핵심 가이드
개정판 2nd Edition

저자 김석, 장성균, 한재경
감수 김규태

테크넷과 함께하는
엔터프라이즈 솔라리스 11으로 배우는
유닉스&리눅스
입문 핵심 가이드 개정판 2nd Edition

저자	김석, 장성균, 한재경
감수	김규태
1판 4쇄	2023년 5월 15일
발행처	인텍
발행인	김석
주소	서울특별시 광진구 아차산로 375, 610호 (구의동 크레신타워 3차)
전화	02) 070-7139-4659, 팩스 02) 452-6425
등록번호	제25100-2009-000052호
등록일자	2009. 12. 22
ISBN	978-89-963760-5-7 13000
가격	20,000원

이 도서의 저작권은 인텍에 있으며 일부 혹은 전체 내용을 무단복제하는 것은 저작권법에 저촉됩니다.
잘못 만들어진 책은 구입하신 곳에서 교환하여 드립니다.

저 자 서 문

시중에는 많은 유닉스/리눅스 서적이 나와 있지만, 대부분 10년 이상 지난, 너무 오래된 유닉스 시스템을 기준으로 다루고 있거나, 입문서 임에도 불구하고 너무 책을 두껍게 만들어 책을 보기도 전에 질려서 엄두가 나지 않는 책들이 대부분이었습니다.

제가 예전에 출간한 테크넷과 함께하는 엔터프라이즈 솔라리스 핵심 운영 가이드 1, 2는 모두 관리자와 시스템 엔지니어를 위한 서적이었고, 기초보다는 실무 핵심 관리 기술을 소개하는 것이 목적이었습니다.

그러다 보니, 일반 시중 교재에서 접하기 쉬운 일반적인 유닉스 입문 내용을 다루지 않았는데 , 유닉스 입문을 원하는 분들에게는 테크넷과 함께하는 엔터프라이즈 솔라리스 핵심 운영 가이드 1, 2 모두 어려운 책이었습니다.

테크넷과 함께하는 엔터프라이즈 솔라리스 11으로 배우는 유닉스&리눅스 입문 핵심 가이드는 다음과 같은 집필 의도로 탄생되었습니다.

1. 컴퓨터 전공학과의 한 학기 분량으로 최적화 했습니다.

불필요하게 두껍고 다 보기도 힘든 책을 돈주고 사서 보기 아깝다는 생각이 들지 않도록 정확히 한 학기면 책의 모든 내용을 충분하게 학습 할 수 있도록 작성 했습니다. 책의 두께도 기존 서적들에 비해 절반 이하로 줄었고 , 휴대도 간편하리라 생각합니다.

2. 유닉스/리눅스 시스템에서 개발해야 하는 개발자, DBA, 시스템 관리자, 엔지니어 모두에게 필요한 핵심 원리 중심의 입문서가 되도록 집필하였습니다. 따라서 기업의 IT 관련 직무 신입사원 교육교재로도 적합 합니다.

3. 솔라리스 11을 중심으로 유닉스와 리눅스의 핵심 기술을 학습할 수 있도록 했습니다.

최근 유닉스 보다는 리눅스가 범용적으로 쓰이다 보니, 리눅스 관련 서적도 많이 나와 있습니다. 하지만, 대부분의 리눅스 입문서 역시 단편적인 명령어를 나열하고 단순하게 따라하는 식으로 집필된 책이 많았습니다. 입문서는 단편적인 명령 학습 보다는 핵심 이론 정립과 동시에 정확한 예제를 통한 실습이 이루어져야 합니다.

4. 전용 유닉스 장비가 없어도 가상환경에서 학습할 수 있도록 구성했습니다.

버추얼박스를 이용하여 설치 및 구성하는 방법을 제공함으로써 누구나 학습할 수 있는 실습 환경을 제공하였습니다.

매번 책을 써야지 하는 생각만 가득하다 실제 집필 작업을 시작하게 되면 그 시간이 그렇게 길고 힘들 수 가 없습니다. 마음 같지 않게 집필 하는 속도는 더디기만 하다 보니 마음은 조급해지고, 작성 하다 보면 무엇인가 계속 부족한 것은 아닌가 하는 고민을 많이 하게 됩니다. 집필은 단순히 머릿속의 내용을 글로 표현하는 작업이 아니었기 때문입니다.

부족하지만 이제 세 번째 유닉스/리눅스 관련 서적을 세상에 내 놓습니다. 어찌 보면 순서상 가장 먼저 나왔어야 할 책인데 늦은 감이 없지 않지만, 솔라리스 11 어드민 책을 시리즈로 집필할 계획을 가지고 있는 만큼 기초를 닦는 초석이 되리라 믿습니다.

저 자 서 문

Thanks to

한국 오라클의 김봉환 상무님, 김상엽 상무님, 변종석 부장님, 김상필 차장님 외 다수의 임직원 분들과 미국 오라클 본사의 Vikki와 Lillian, 안산대학교 IT 응용보안과 김규태 학과장님과 김경숙 교수님외 학교 관계자 분들, KTDS University 유학식 센터장님과 권철우 과장님, ㈜한가온솔루션즈의 이명종부장님, 주)웹타임의 윤은미부장님 이하 임직원 여러분들, 한국정보기술원 조규형팀장님, 지식정보보안산업협회 조연호 차장님, 시스원 이기호 주임, 그리고 무엇보다 밤낮으로 고생하는 우리 ㈜노브레이크 가족들 (최기용이사님, 박정택 팀장, 박찬주 책임, 임소영 선임, 장성균 선임, 최영식 선임, 김대성 선임, 심준보 사원) 에게도 감사를 드립니다.

그리고 무엇보다 늘 자식 걱정이신 양가 부모님과 사랑하는 아내 해진과 아들 민서에게 미안함과 고마움을 전합니다.

김 석

유닉스 계열(Unix-like)의 운영체제를 접한 지도 20년 가까이 되었고, IT 분야에 취직해서 유닉스/리눅스를 강의한지도 6년이 되었습니다. 유닉스 계열의 운영체제도 세월이 많이 흘러 그래픽 인터페이스도 많은 발전이 있었고, 이후에도 많은 변화가 예상되지만, 아직까지 명령어 인터페이스를 더 많이 사용하고 있습니다. 윈도우 운영체제에 익숙해져 있는 대부분의 사람들이 유닉스 계열의 운영체제를 학습하는데 진입장벽이 높다는 것은 사실입니다. 그러나 명령어 인터페이스의 장점은 처음에 배우는데 많은 시간이 필요하지만, 어느 정도 수준이 올라가게 되면 그래픽 인터페이스보다 훨씬 더 직관적이고 명확하다는 것을 깨닫는 시점이 오게 될 것 입니다.

벌써 유닉스 관련 책을 3번째 집필하였습니다. 언제나 그러했듯이 사람들에게 강의로 내용을 전달하는 것보다. 글로 내용을 전달하는 것은 쉽지가 않았습니다. 그러나 이번에는 예전보다 최대한 유닉스 계열의 운영체제를 처음 접하는 사람에게 쉽고 친숙하게 인지할 수 있도록 예제와 꼭 필요한 설명을 달아놓았습니다. 또한 오라클 솔라리스를 예로든 것이 많지만 오라클 솔라리스 유닉스뿐만 아니라, 대부분의 유닉스 계열에서 공통적으로 적용되는 부분에 대해서 다루었습니다. 부디 유닉스 계열을 처음 접하는 분들에게 빛과 소금이 되는 책이 되었으면 합니다.

장 성 균

대학교 정보전산원에서 서버관리를 했을 때 처음 사용해본 유닉스는 저에게 큰 어려움이었습니다. 어린 시절 dos 컴퓨터에서 사용해본 방법과 많이 달랐고 오래 되었기 때문에 쉽게 익숙해지지 않았습니다.

정보전산원의 서버관리라 해도 장애처리를 하거나 시스템을 구성 하는 것이 아니었기 때문에 시스템에 대한 이해와 사용법을 잘 알고 있는 것은 아니었습니다.

그래서 상황에 맞는 사용법과 시스템에 대한 이해를 높이기 위해서 유닉스 관련 서적을 여러권 샀던 기억이 있습니다. 하지만 대부분 명령어에 대한 설명은 간단하고 시스템의 이해를 도와줄 수 있는 부분은 너무 부족했습니다.

세월이 흘러 지금은 다양한 곳에서 유닉스와 리눅스 강의를 하고 있습니다. 강의 할 때마다 항상 그 시절을 생각하며 조금 더 자세히 그리고 조금 더 쉽게 설명하려고 노력하고 있습니다.

시중에는 아직도 유닉스와 리눅스의 기본적인 명령어에 대해 자세히 설명하고 있지 않은 교재가 많이 있습니다.

이 책은 제게 부족한 지식을 주었던 서적들과 다르게 그리고 조금 더 쉽게 이해 할 수 있도록 작성하려고 많이 노력했습니다. 유닉스와 리눅스를 처음 접한 사람들이 이 책을 보며 명령어 사용에 대한 기본적인 개념을 잡아 앞으로 유닉스와 리눅스 운영체제를 공부하는 데 있어서 큰 도움이 되었으면 좋겠습니다.

한 재 경

Contents

Chapter 1 유닉스 역사와 특징   1

1.1 유닉스의 탄생   3
1. 유닉스의 탄생   3
2. BSD 버전의 탄생   3

1.2 유닉스의 종류   4
1.3 유닉스의 특징   7
1. 높은 이식성과 확장성   7
2. 안정성과 신뢰성   7
3. 다중 사용자 (Multi User)   7
4. 다중 작업 (Multi Tasking)   8
5. 계층적 파일시스템   8

Chapter 2 유닉스/리눅스 기본 환경   9

2.1 유닉스/리눅스 시스템 환경   11
1. 컴퓨터의 주요 구성요소   11

2.2 유닉스/리눅스 시스템 로그인   14
1. 솔라리스 11 Text 로그인   15
2. 솔라리스 11 Live 로그인   16
3. 오라클 리눅스 6.x CLI 로그인   17
4. 오라클 리눅스 6.x GUI 로그인   18

2.3 CLI 구문   19
1. CLI 구문   19

2.4 메뉴얼 페이지   24
1. 매뉴얼 페이지 보기   24
2. 매뉴얼 페이지에서 이동   25
3. 매뉴얼 페이지 검색   26

Chapter 3 디렉토리 및 파일 보기　　　　　　　　　31

3.1 디렉토리 작업　　　　　　　　　　　　　　33
　　1. 현재 작업 디렉토리 확인　　　　　　　　33
　　2. 디렉토리 내용 확인　　　　　　　　　　33
　　3. 숨겨진 파일 보기　　　　　　　　　　　34
　　4. 디렉토리 내용 자세히 보기　　　　　　　34
　　5. 개별 디렉토리 확인　　　　　　　　　　35
　　6. 디렉토리 하위 목록 보기　　　　　　　　36
　　7. 파일 종류 확인　　　　　　　　　　　　36
　　8. 디렉토리 변경　　　　　　　　　　　　38

3.2 파일 작업　　　　　　　　　　　　　　　41
　　1. 파일 내용 확인　　　　　　　　　　　　42

Chapter 4 디렉토리 및 파일 내용 변경　　　　　49

4.1 복사　　　　　　　　　　　　　　　　　51
　　1. 파일 복사　　　　　　　　　　　　　　51
　　2. 디렉토리 복사　　　　　　　　　　　　53

4.2 이동　　　　　　　　　　　　　　　　　54
　　1. 파일 이동　　　　　　　　　　　　　　54
　　2. 디렉토리 이동　　　　　　　　　　　　54

4.3 생성　　　　　　　　　　　　　　　　　55
　　1. 빈 파일 생성　　　　　　　　　　　　　55
　　2. 디렉토리 생성　　　　　　　　　　　　56

4.4 이름변경　　　　　　　　　　　　　　　58
　　1. 파일 이름 변경　　　　　　　　　　　　58
　　2. 디렉토리 이름 변경　　　　　　　　　　58

Contents

4.5 삭제	59
1. 파일 삭제	59
2. 디렉토리 삭제	60

4.6 링크	61
1. 링크 기본	62
2. 하드 링크 생성	63
3. 하드 링크 삭제	64
4. 심볼릭 링크 생성	64
5. 심볼릭 링크 삭제	65

Chapter 5 파일 및 디렉토리 검색   67

5.1 파일 내용 검색	69
1. grep 명령어	69
2. egrep 명령어	72
3. fgrep 명령어	73

5.2 파일 및 디렉토리 검색	73

Chapter 6 vi 편집기 사용   79

6.1 vi 편집기 기초	81
1. Command 모드	81
2. Edit 모드	81
3. Last Line 모드	81
4. vi 편집기 모드 변경	82
5. vi 명령어 소개	82

6.2 vi 편집기를 이용한 파일 작성 및 수정 82
1. read-only 모드로 파일의 내용 확인 82
2. vi 편집기의 입력 83
3. vi 편집기의 커서 이동 84
4. vi 편집 명령어를 사용한 파일 수정 85
5. vi 편집기 상태 변경 87

6.3 vim 편집기 88
1. 비주얼 모드 범위지정 89
2. 다중 파일 및 창 89
3. 단어 자동완성 91

Chapter 7 퍼미션 이해 및 사용 93

7.1 파일 및 디렉토리 퍼미션 확인 95
1. 퍼미션의 필요성 95
2. 퍼미션의 카테고리 95

7.2 파일과 디렉토리 접근 권한 97
1. 파일과 디렉토리 접근 권한 97
2. 파일과 디렉토리 접근 권한의 결정 98

7.3 퍼미션의 변경 100
1. 퍼미션 모드의 이해 100

7.4 기본 퍼미션의 사용 104

Contents

Chapter 8 쉘 명령어 사용   107

8.1 쉘 메타문자 사용   109
    1. 경로 이름 메타문자   109
    2. 파일 이름 대체 메타문자   111
    3. 인용부호 메타문자   113
    4. 방향재지정 메타문자   114

8.2 명령어 히스토리   121
    1. history 명령어   122
    2. 명령어 재실행   125
    3. 최근 실행한 명령어 편집   128

8.3 사용자 초기화 파일   129
    1. /etc/profile 파일   129
    2. ~/.profile 파일   129
    3. ~/.kshrc 파일   130
    4. ~/.bashrc 파일 또는 ~/.bash_profile   130

Chapter 9 쉘 프로그래밍   131

9.1 쉘 프로그래밍 개요   133
    1. 프로그래밍 언어 vs. 스크립트 언어   133
    2. 쉘 스크립트의 실행   133

9.2 변수   134
    1. 환경변수   134
    2. 사용자 정의 변수   135
    3. 특수 변수   135
    4. 위치 매개 변수   136

9.3 조건문	136
1. 문자열 검사	137
2. 산술 비교	137
3. 파일 검사	138
4. 논리 조건 연산	138
9.4 제어문	139
1. if~then~fi 문	139
2. if~then~else~fi 문	139
3. if~then~elif~else 문	140
4. case 문	141
9.5 반복문	142
1. for	142
2. while	142
3. until	143
9.6 내부명령어	145

Chapter 10 프로세스 제어 및 작업관리　　147

10.1 프로세스 설명	149
1. 프로세스 개념과 종류	149
2. PID와 PPID	149
10.2 프로세스 확인	150
1. ps 명령어 사용	150
2. 시스템 전체 프로세스 목록 출력	151
3. pstree/ptree 명령어를 사용하여 확인하는 방법	152

Contents

10.3 특정 프로세스의 검색   153
     1. ps 명령어와 grep 명령어의 조합   153
     2. pgrep 명령어   153

10.4 시그널 사용   155
     1. kill 명령어 사용   155
     2. pkill 명령어 사용   156

10.5 작업 관리   157
     1. 백그라운드 프로세스 실행   157
     2. 작업 목록 확인   158
     3. 백그라운드 작업을 포그라운드로 이동   158
     4. 포그라운드 작업을 백그라운드로 이동   159
     5. 백그라운드 작업 정지   159

Chapter 11 아카이브 생성   161

11.1 유닉스/리눅스 운영환경의 아카이브 소개   163
11.2 tar 명령어를 이용한 아카이브   163
     1. tar 명령어를 이용한 아카이브 생성   164
     2. tar 명령어를 이용한 아카이브 확인   164
     3. tar 명령어를 이용한 아카이브 해제   165

11.3 jar 명령어를 이용한 아카이브   165

Chapter 12 압축 및 압축해제   167

12.1 compress 명령어를 이용한 압축 및 해제   169
     1. 파일 압축   169
     2. 파일 내용 확인   170
     3. 파일 압축 해제   171

12.2 gzip 명령어를 이용한 압축 및 해제   172

    1. 파일 압축   172

    2. 파일 내용 확인   172

    3. 파일 압축 해제   173

    4. 아카이브된 파일 압축 및 해제   174

12.3 bzip2 명령어를 이용한 압축 및 해제   174

    1. 파일 압축   174

    2. 파일 내용 확인   175

    3. 파일 압축 해제   175

    4. 아카이브된 파일 압축 및 해제   176

12.4 zip 명령어를 이용한 압축 및 해제   177

    1. 파일 아카이브 및 압축   177

    2. 파일 아카이브 및 압축 해제   177

부록 1 솔라리스 11 설치   179

    1. Oracle VM VirtualBox 다운로드   181

    2. Oracle Solaris 11 다운로드   181

    3. Oracle VM VirtualBox에서 가상컴퓨터 생성   182

    4. Oracle Solaris 11 Text 설치   187

부록 2 솔라리스 11 네트워크 설정   197

CHAPTER 1

유닉스의 역사와 특징

CHAPTER 1
유닉스의 역사와 특징

─ 학습목표

유닉스의 탄생과 발전 방향을 학습합니다.
유닉스의 특징을 학습합니다.

─ 학습내용

이번 장에서는 유닉스의 역사와 특징에 대하여 학습하도록 하겠습니다.
유닉스의 탄생 배경 및 역사에 대하여 알아 보고, 시스템의 특징에 대하여 알아 봅니다.
여기에서는 다음과 같은 순서로 상세한 내용에 대해 다루어 보도록 하겠습니다.

1.1 유닉스의 탄생
1.2 유닉스의 종류
1.3 유닉스의 특징

1.1 유닉스의 탄생

1 유닉스의 탄생

유닉스의 역사는 1960년대 중반부터 시작되었습니다. 당시 AT&T 와 GE, MIT공과대학은 미 국방성의 지원을 받아 한 운영체제 내에서 다수의 작업을 수행할 수 있는 멀틱스(Multics) 프로젝트를 수행하였습니다. 멀틱스(Multics) 프로젝트의 목표는 다중사용자(Multi User), 다중 프로세서(Multi Processing), 다중 프로세스(Multi Peocess) 기반의 프로그램을 만드는 것이었습니다. 해당 프로젝트는 미 국방성의 지원을 받은 만큼 보안 관련한 개념을 지원하도록 설계가 계획되어 있었습니다.

그러나 해당 프로젝트는 1969년 즈음에 사실상 실패로 끝나게 되고, 이 프로젝트를 진행했던 AT&T의 켄 톰슨(Ken Thompson)은 사무실에 있던 PDP-7 컴퓨터에 멀틱스(Multics) 프로젝트를 이용하여 간단한 게임인 Space Travel을 구현합니다.

이후 켄 톰슨의 동료였던 데니스 리치(Dennnis Ritchie)가 1971년 개발한 C 언어를 기반으로 기존의 어셈블리어로 구현된 코드를 1973년에 C 코드로 재개발합니다. 다양한 작업을 동시에 수행 하려다가 실패한 멀틱스(Multics)와 달리 한 가지 작업이라도 잘 한다는 의미로 유닉스(Unics)로 명명된 유닉스는 이후 발음대로 UNIX로 정립되어 사용되기 시작합니다.

이 후 UNIX는 Digital 사의 PDP-11에도 탑재되기 시작하였고, 어느덧 시간이 지나 많은 대학교에서 사용하는 운영체제가 되었습니다. 그러나 당시의 시스템은 매우 제한적인 환경에서 사용되는 시스템으로 지금처럼 막강한 네트워크 기능이 탑재되지 못했고, 캘리포니아에 위치한 버클리 대학(UC Berkley)의 소프트웨어 재단에서 AT&T부터 구입한 소스 코드를 이용하여 네트워크 기능을 추가한 BSD 버전을 출시하게 됩니다. BSD에 TCP/IP 스택이 탑재되면서 막강한 네트워크 기능이 탑재되게 됩니다.

2 BSD 버전의 탄생

AT&T는 당시에 미국 연방 정부가 통과시킨 독과점 법안으로 인해 여러 사업에서 제한을 받고 있었으며, 컴퓨터 소프트웨어에 대한 부분에 대한 제약으로 인해 해당 사업을 추진함에 있어서 제한이 많았습니다.

AT&T는 이러한 제약으로 인해 매우 저렴한 가격에 소스코드를 캘리포니아에 위치한 버클리 대학(UC Berkley)의 소프트웨어 재단에 판매하게 됩니다. 버클리 대학 소프트웨어 재

단은 소스 코드를 수정, 보완하면서 네트워크 기능을 탑재한 강력한 유닉스인 BSD를 출시하였고, BSD가 널리 사용되기 시작하였습니다.

AT&T의 법적인 규제는 BSD 4.2 버전 이후로 해제 되었고, AT&T 소스코드에 대한 상표권과 저작권을 주장할 수 있게 되면서 자신의 유닉스를 표준 유닉스로 명명하게 됩니다.

AT&T는 유닉스 이름을 SYSTEM V로 명명하게 됩니다.

이후 BSD를 기반으로 썬 마이크로시스템즈(SUN Microsystems: 이하 SUN)가 SUNOS를 출시 하였고, 1988년도에 AT&T SYSTEM 계열과 장점을 통한 System Version Release 4 (이하 SVR4) 계열 운영체제를 출시하게 됩니다. 솔라리스 시스템은 2000년 닷컴 열풍과 함께 엄청난 수의 워크스테이션에 탑재되어 공급되었고, 유닉스 시장의 리더가 되었습니다.

유닉스 시장에서 다양한 업체들이 개별적인 유닉스 개발하면서 표준에 대한 필요성이 대두되었고, 이 표준을 POSIX 라고 명명하게 됩니다. POSIX는 인터페이스, 라이브러리, 동작 특성을 정의한 유닉스의 표준입니다. 또한 PC에서 구동되는 FreeBSD와 같은 유닉스는 물론 1991년도에 리누스 토발즈가 공개한 리눅스가 엄청난 성장을 거듭하고 있고 서버 시스템은 물론 임베디드, 안드로이드 같은 모바일기기, 임베디드 장비에서도 각광을 받고 있습니다.

디지털사의 디지털 유닉스와 컴팩의 True64 같은 UNIX 시스템은 HP로 합병되어 HP-UX 의 일부가 되었습니다. SUN은 ORACLE에 합병되었으나, 현재도 솔라리스 시스템은 스팍(SPARC)시스템은 물론 x86 시스템도 지원하고 있고 오라클 솔라리스로 명명되면서 유닉스 시장을 선도 하고 있습니다.

1.2 유닉스의 종류

유닉스 시스템의 발전은 과거 서버부터 현재의 모바일 시스템 까지 오랜 기간 광범위하게 발전되어 왔습니다. 현재 애플이 넥스트스텝을 인수하여 MAC OSX와 IOS를, 구글의 안드로이드 플랫폼 역시 리눅스 커널을 기반으로 하고 있는 점을 감안하면 더욱 그렇다고 할 수 있습니다. 결국 리눅스 또한 유닉스로부터 파생되어 왔고, 그 유사성을 고려할 때 결국은 유닉스의 범주이기 때문입니다. 유닉스의 역사와 계보에 관련한 사항은 구글 등의 검색엔진이나 위키피디아 등을 이용하면 보다 상세하게 확인이 가능합니다. 일반적으로 가장 많이 사용되는 유닉스는 [표 1-1]과 같습니다.

● **표 1-1** 유닉스의 종류

제조사	이름
IBM	AIX
HP	HP-UX
ORACLE	Solaris
LINUX	Redhat , Ubuntu 등 다양한 버전 존재
BSD	FreeBSD , OpenBSD , NetBSD 등
APPLE	MAC OS X

각각 제조사가 다르고, 이름이 다른 시스템들이지만 기본적인 유닉스 플랫폼의 공통적인 부분을 그대로 유지하고 있으며, 상호 경쟁 발전해 오고 있습니다. 또한 2000년대 중반 이후로 네트워크 및 서비스 기능이 대폭 향상되고 가상화, 클라우드를 지원하기 위한 다양한 기능들이 탑재 되고 있습니다. 추가적으로, 정보시스템의 정보 유출 및 해킹, 침해사고에 대응하기 위하여 자체적으로도 많은 보안 기술을 탑재하고 있습니다.

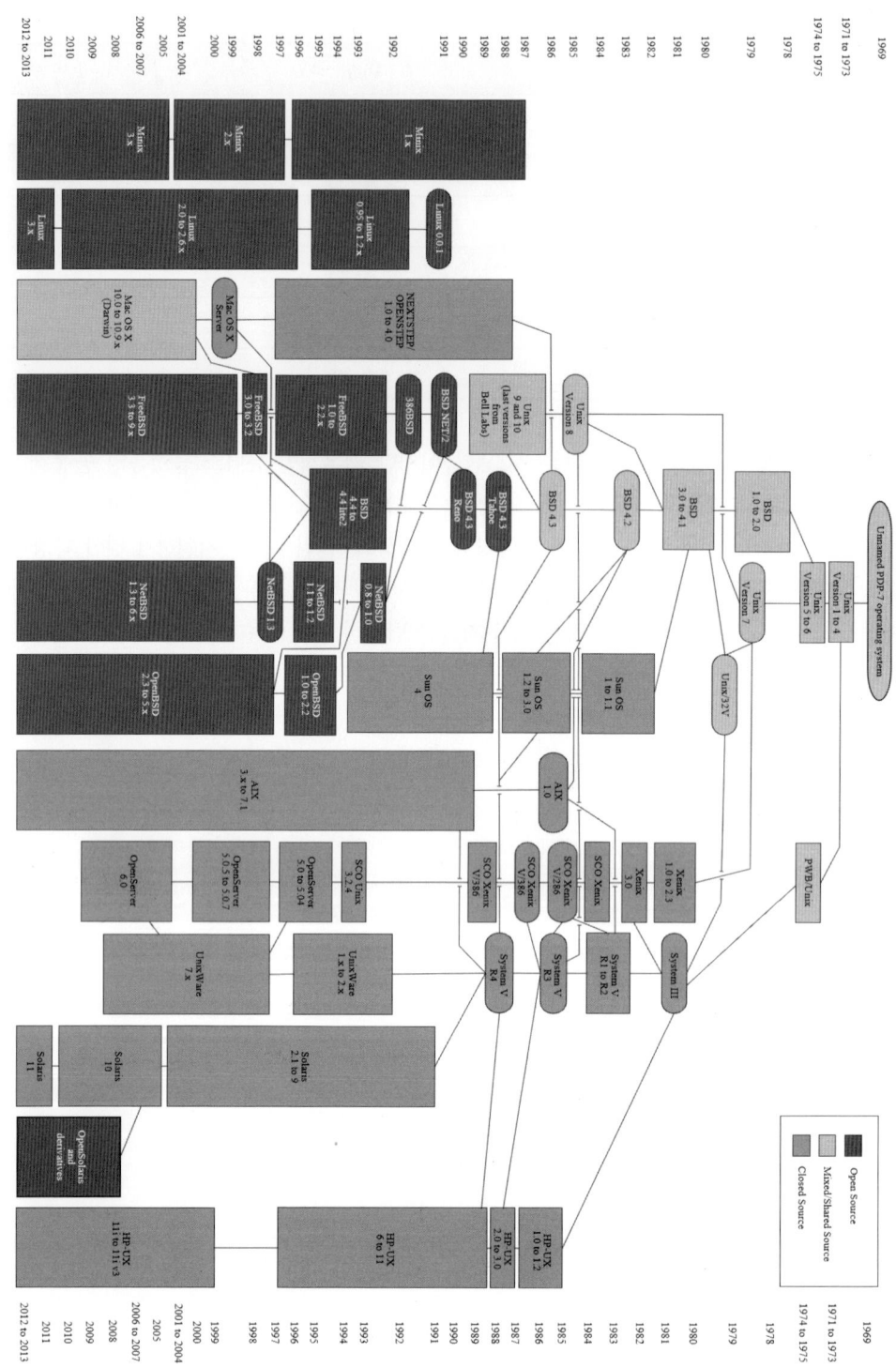

그림 1-1 유닉스 역사와 발전

출처: http://upload.wikimedia.org/wikipedia/commons/7/77/Unix_history-simple.svg

1.3 유닉스의 특징

유닉스는 타 OS에 비해가 여러 가지 특징을 가지고 있습니다.

1 높은 이식성과 확장성

유닉스는 현존하는 운영체제 중 가장 이식성이 높은 운영체제입니다.

스팍(SPARC), 알파(ALPHA), 파워PC(PowerPC) 같은 시스템은 물론 x86과 ARM 계열의 시스템에서도 이식이 용이 합니다.

리눅스 시스템 역시 서버에서 사용되는 CPU 뿐 아니라 임베디드 시스템 등에서도 널리 사용되고 있습니다.

2000년초부터 64비트 CPU를 지원고 멀티 프로세싱을 지원함으로써 병렬처리에 탁월한 성능을 발휘할 뿐 아니라 다중 클러스터링을 지원합니다.

2 안정성과 신뢰성

유닉스 시스템은 오랜 기간 발전해 오면서 그 안정성을 인정 받아 왔을 뿐 아니라 다양한 보안 위협으로부터 대응하기 위해 업계 표준의 다양한 보안 기능을 탑재하고 있습니다.

3 다중 사용자 (Multi User)

동시에 여러 사람이 동일 시스템에 접속하여 사용하는 것을 의미 하며, 통상적으로 네트워크를 통해 접속합니다.

4 다중 작업 (Multi Tasking)

한 시스템에서 동시에 여러 가지 프로그램을 구동하는 것을 의미 합니다.

근래에는 당연하게 생각하는 부분일 수 있으나, 과거의 시스템은 한번에 하나의 작업만이 가능했습니다.

예를 들어 MP3를 들으면서 오피스를 실행할 수 없었고, 특정 작업을 위해 기존의 업무를 종료해야만 했습니다.

5 계층적 파일시스템

유닉스의 파일시스템은 계층적 구조로 개발되어 파일을 체계적으로 관리 할 수 있습니다. 윈도우와 달리 루트 (/) 파일시스템은 디스크 및 파티션의 개수와 무관하게 오직 한 개만 존재합니다.

CHAPTER 2

유닉스/리눅스 기본 환경

CHAPTER 2
유닉스/리눅스 기본 환경

학습목표

유닉스/리눅스 시스템의 구성 요소와 구조를 이해할 수 있습니다.
유닉스/리눅스 시스템의 명령어 형식과 도움말 사용 방법을 학습합니다.

학습내용

유닉스/리눅스 시스템의 주요 하드웨어 구성요소와 및 운영체제의 구성요소에 대해 학습하며, 시스템에서 명령어를 어떻게 사용하는지, 그리고 명령어의 도움말을 어떻게 확인하는지에 대해 학습합니다.
여기에서는 다음과 같은 순서로 상세한 내용에 대해 다루어 보도록 하겠습니다.

2.1 유닉스/리눅스 시스템 환경
2.2 유닉스/리눅스 시스템 로그인
2.3 CLI 구문
2.4 매뉴얼 페이지

2.1 유닉스/리눅스 시스템 환경

1 컴퓨터의 주요 구성요소

컴퓨터의 구성요소는 크게 하드웨어와 소프트웨어 두 가지로 구성되어 있으며, 유기적으로 작동을 하고 있습니다. 컴퓨터의 하드웨어는 CPU, RAM, 입/출력 장치, 디스크 등 몇몇 구성요소로 이루어져 있습니다. 소프트웨어 또는 운영체제는 하드웨어에 접근하여 동작하는 프로그램의 모음입니다.

1] 컴퓨터 하드웨어

아래 [그림 2-1]은 컴퓨터의 주요 구성요소를 도식화 해놓은 그림입니다.

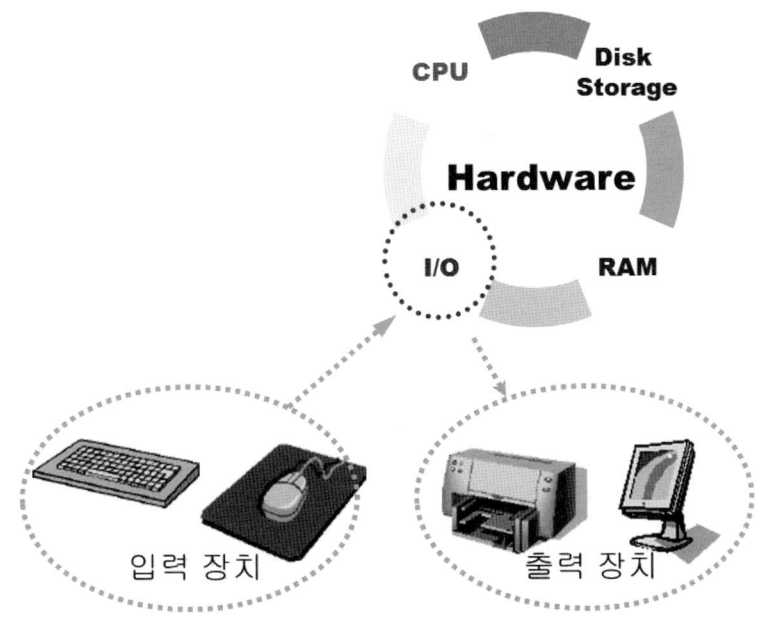

그림 2-1 컴퓨터 하드웨어 구성요소

① RAM

RAM은 컴퓨터의 주기억 장치입니다. 프로그램은 하드 디스크와 같은 보조 기억장치에 저장되어 있으며, 보조 기억장치에 저장된 프로그램을 실행하게 되면 프로그램의 복사본이 RAM에 적재 되고 RAM에서 실행하게 됩니다. RAM에서 실행하고 있는 프로그램이 종료될 때 까지 RAM에 상주하게 되고, 프로그램이 종료되면 운영체제는 해당 프로그램을 RAM에서 삭제하게 됩니다.

② CPU

CPU는 RAM으로부터 명령을 받아서 실행하게 됩니다. 이런 명령은 하드 디스크에 바이너리 코드로 저장되어 있습니다.

③ 입/출력 장치

입/출력 장치는 외부 장치로 컴퓨터와 상호작용을 하게 해줍니다. 키보드 마우스와 같은 입력 장치로부터 정보를 RAM으로 읽어 들이며, 모니터와 같은 출력장치로 정보를 내보내게 됩니다.

④ 디스크

디스크는 파일, 디렉토리 또는 소프트웨어를 저장하는데 사용하는 장치입니다.

2] 운영체제 구성요소

유닉스/리눅스 운영체제의 주요 구성 요소는 아래 세 가지 입니다.

- 커널(Kernel)
- 쉘(Shell)
- 디렉토리(Directory)

① 커널(Kernel)

커널은 운영체제의 핵심입니다. 커널은 파일시스템 관리, 하드 디스크에 데이터를 저장하는 것과 같은 장치 관리, CPU 제어, 메모리 및 프로세스 관리와 같은 역할을 포함하여 하드웨어를 관리하고 제어합니다. 커널이 하는 역할을 요약하면 아래와 같습니다.

- 파일시스템 관리
- 하드웨어 장치 관리
- CPU 제어
- 메모리 및 프로세스 관리

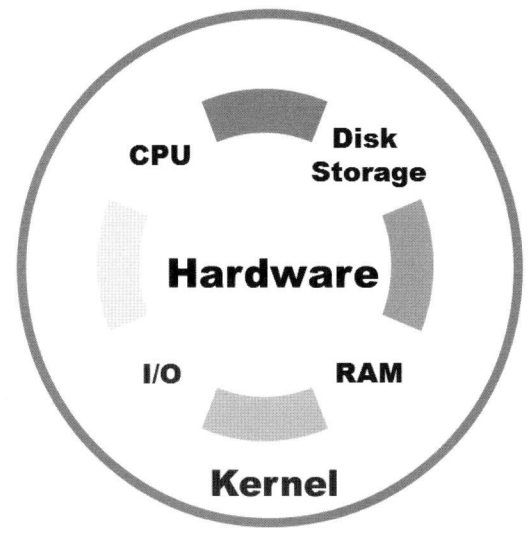

그림 2-2 커널의 역할

② 쉘(Shell)

쉘은 유닉스/리눅스에서 사용자와 커널 사이의 인터페이스를 담당하는 프로그램입니다. 쉘은 사용자가 명령어를 내리면 이를 커널이 알아들을 수 있는 명령어로 해석해서 커널로 전달하는 해석기입니다.

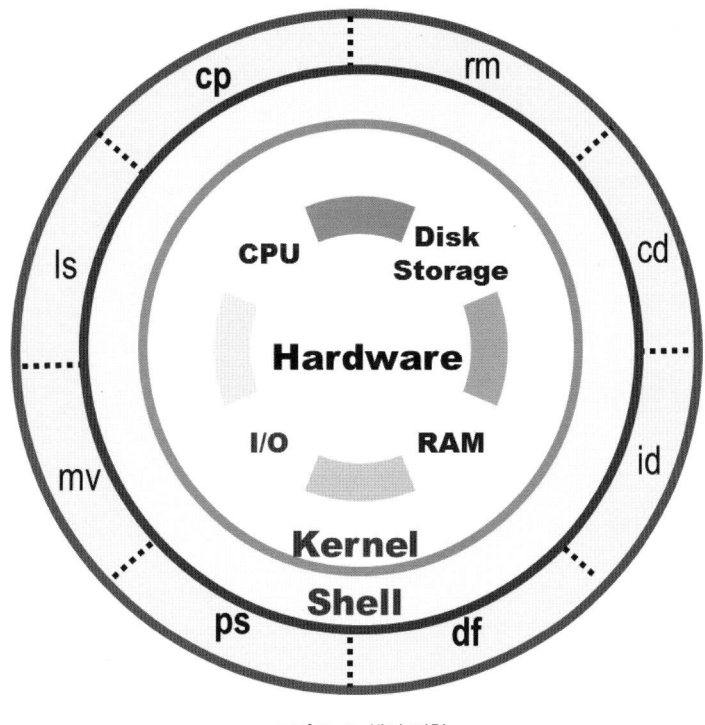

그림 2-3 쉘의 역할

유닉스/리눅스에서 사용할 수 있는 쉘의 종류와 특징은 다음과 같습니다.

● **표 2-1** 쉘 종류와 특징

종류	특징
Bourne Shell (sh)	• Unix 시스템의 표준 쉘 • 대부분의 Unix 시스템의 기본 쉘로 사용 • 기능이 많이 없음
C Shell (csh)	• C 언어의 문법과 유사 • C 언어 스타일의 스크립트 작성 가능
TC Shell (tcsh)	• C Shell의 개선된 버전 • emacs 스타일의 에디팅 지원
Korn Shell (ksh)	• Unix 시스템의 표준 쉘 • Bourne Shell을 기초로 만들어 졌음 • Bourne Shell과 호환성을 가지고 있음 • C Shell 기능을 포함하고 있음
Bash Shell (bash)	• 대부분의 Linux 시스템의 기본 쉘로 사용 • Bourne Shell을 기초로 만들어 졌음 • C Shell과 Korn Shell의 장점만 따서 만들어 졌음
Z Shell (zsh)	• Bourne Shell을 기초로 만들어 졌음 • C Shell, Korn Shell, Bash의 기능을 대부분 포함하고 있음

③ 디렉토리(Directory)

디렉토리는 파일을 가지고 있거나, 또 다른 디렉토리를 가지고 있는 그룹이며 이는 계층적으로 구성되어 있습니다. 디렉토리와 파일은 파일 시스템에 의해 관리됩니다.

2.2 유닉스/리눅스 시스템 로그인

시스템 로그인은 시스템에 사용자의 신원을 확인하고 패스워드가 맞는지 확인하여 인증을 하게 되는 과정입니다.

1 솔라리스 11 Text 로그인

솔라리스 11 Text 미디어는 GUI를 지원하지 않는 CLI 환경이며, 설치 후 아래와 같이 로그인 화면이 나옵니다.

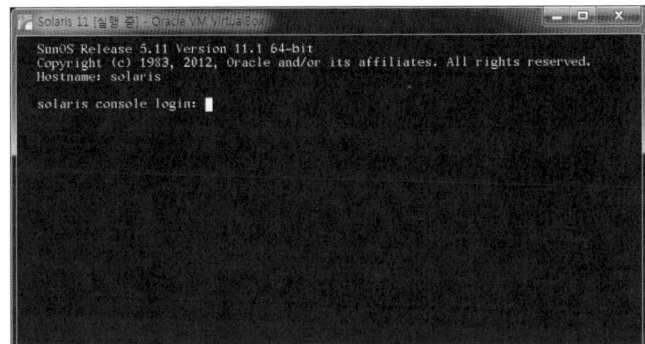

그림 2-4 솔라리스 11 Text 로그인

사용자와 패스워드를 입력하고 난 후 인증이 완료되면 아래와 [그림 2-5] 화면이 나옵니다.

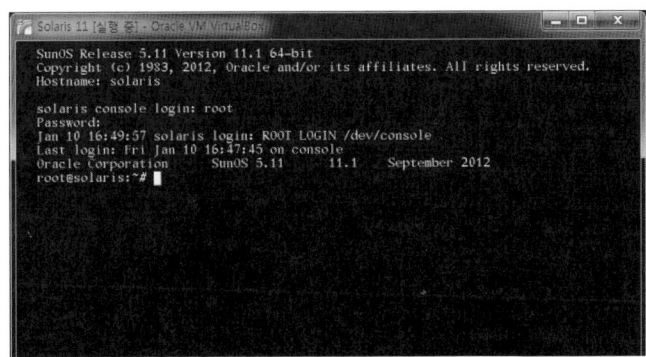

그림 2-5 솔라리스 11 Text 터미널

[그림 2-5] 화면은 쉘이 실행된 터미널 화면입니다. 다른 터미널로 전환하려면 `Alt` `F1` ~ `Alt` `F6` 까지, 총 6개의 터미널을 사용할 수 있으며, 최초 로그인 터미널은 `Alt` `F1` 입니다.

2 솔라리스 11 Live 로그인

솔라리스 11 Live 미디어는 GUI를 지원하며, 설치 후 아래와 같이 로그인 화면이 나옵니다.

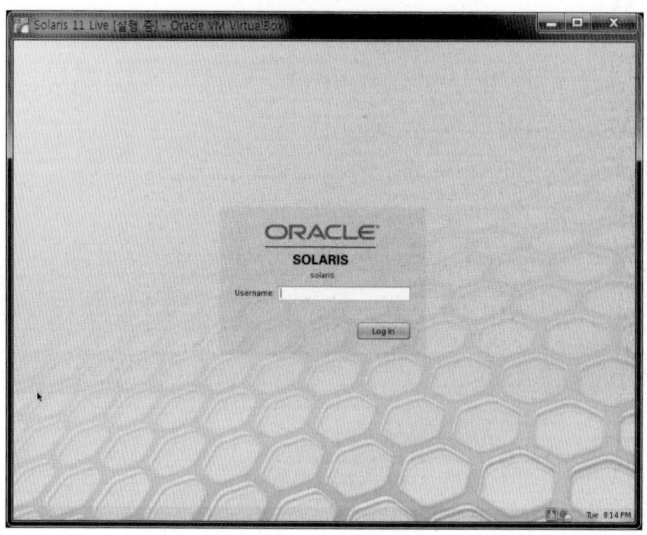

그림 2-6 솔라리스 11 Live 로그인

사용자와 패스워드를 입력하고 난 후 인증이 완료되면 아래와 [그림 2-7] 화면이 나옵니다.

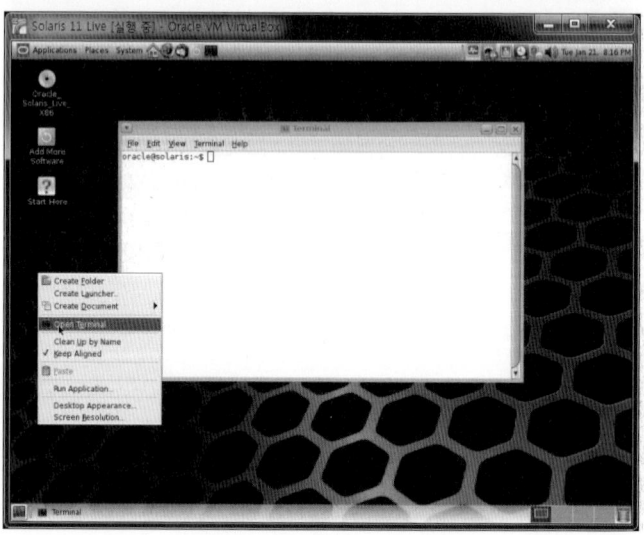

그림 2-7 솔라리스 11 Live GUI

[그림 2-7] 화면은 GUI가 실행된 화면입니다. GUI에서 작업을 하려면, 바탕화면에서 마우스 우 클릭을 한 후 〈Open Terminal〉 메뉴를 선택하여 터미널을 실행할 수 있습니다.

3 오라클 리눅스 6.x CLI 로그인

오라클 리눅스 6.x 버전은 설치 시 GUI 설치 여부를 활성화할 수 있으며, 기본적으로 비활성화 되어 있습니다. 기본 설치 후 아래와 같이 로그인 화면이 나옵니다.

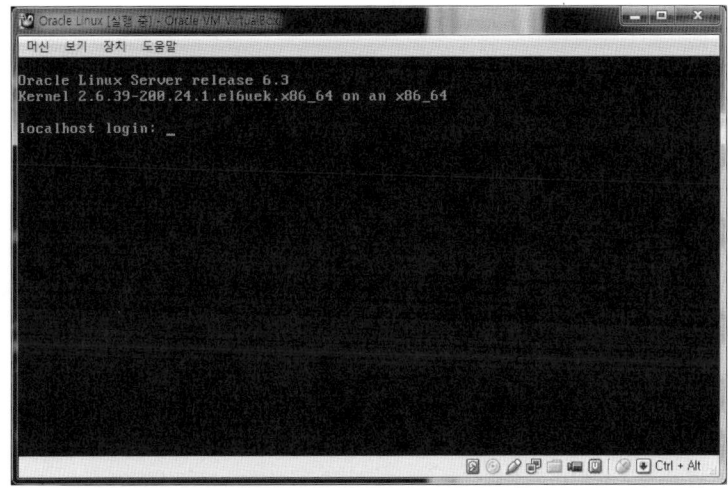

그림 2-8 오라클 리눅스 6.x CLI 로그인

사용자와 패스워드를 입력하고 난 후 인증이 완료되면 아래와 [그림 2-9] 화면이 나옵니다.

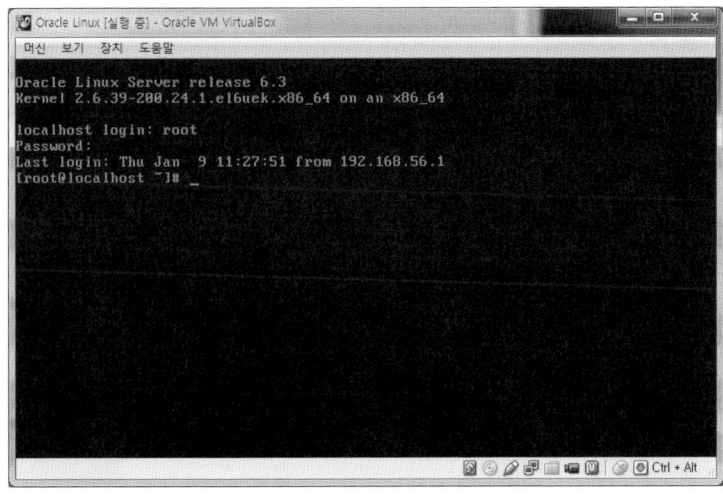

그림 2-9 오라클 리눅스 6.x 터미널

[그림 2-9] 화면은 쉘이 실행된 터미널 화면입니다. 솔라리스와 마찬가지로 리눅스 역시 다른 터미널로 전환하려면 Alt F1 ~ Alt F6 까지, 총 6개의 터미널을 사용할 수 있으며, 최초 로그인 터미널은 Alt F1 입니다.

4 오라클 리눅스 6.x GUI 로그인

GUI 설치를 활성화하여 설치하면 아래와 같이 로그인 화면이 나옵니다.

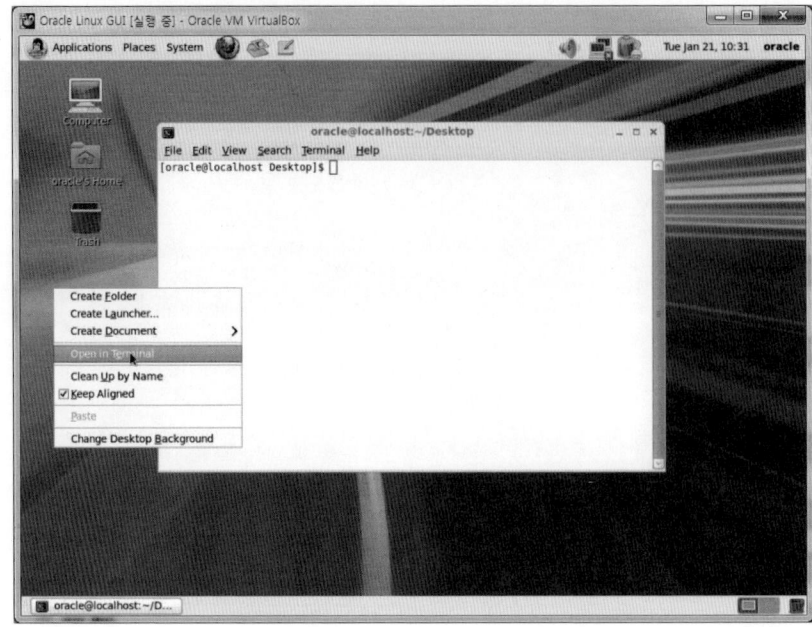

그림 2-10 오라클 리눅스 6.x GUI 로그인

사용자와 패스워드를 입력하고 난 후 인증이 완료되면 아래와 [그림 2-11] 화면이 나옵니다.

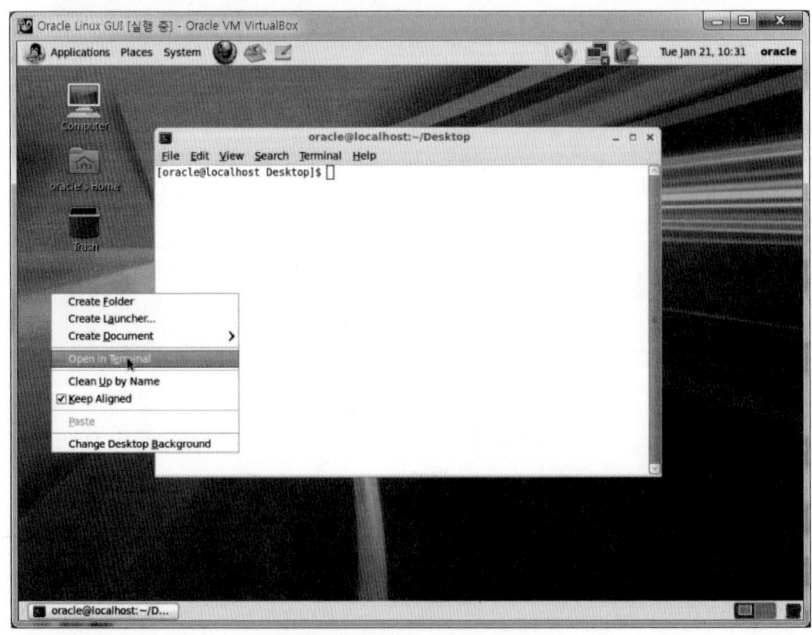

그림 2-11 오라클 리눅스 6.x GUI

[그림 2-11] 화면은 GUI가 실행된 화면입니다. 솔라리스와 마찬가지로 리눅스 역시 GUI에서 작업을 하려면, 바탕화면에서 마우스 우 클릭을 한 후 〈Open in Terminal〉 메뉴를 선택하여 터미널을 실행할 수 있습니다.

2.3 CLI 구문

CLI란 Command-Line Interface의 약자로 시스템에서 특정 작업을 하기 위해 터미널에서 명령어를 내리는 명령어 라인 인터페이스를 의미 합니다. CLI에 입력하는 명령어는 옵션과 아규먼트가 있을 수도 있고 없을 수도 있습니다. 이런 명령어의 구조를 구문이라고 합니다.

1 CLI 구문

명령어를 내릴 때 옵션과 아규먼트를 사용하여 명령어의 동작을 달리할 수 있습니다. [표 2-2]는 명령어의 구성요소와 그에 따른 설명입니다.

● 표 2-2 명령어 구성요소

항목	설명
명령어(command)	• 시스템에서 특정 작업을 하기 위해 실행하는 실행 파일
옵션(option)	• 명령어를 어떻게 실행할 것이지 지정 • 일반적으로 대시(-) 문자 뒤에 옵션을 지정함 • 옵션은 대소문자를 구분함
아규먼트(argument)	• 명령어 실행에 영향을 받는 파일, 디렉토리, 텍스트와 같은 항목

다음은 명령어 구문의 예제입니다.

```
command option(s) argument(s)
```

1] 명령어 사용

첫 번째 방법으로 명령어만 사용하는 방법입니다. uname, date, cal 명령어를 예로 들어 보겠습니다.

다음은 uname 명령어는 운영체제의 정보를 보여주는 명령어입니다.

```
[Unix]
# uname
SunOS
```

다음은 리눅스 시스템에서 수행한 결과입니다.

```
[Linux]
# uname
Linux
```

다음은 date 명령어는 시스템의 현재 날짜와 시간을 보여주는 명령어입니다.

```
# date
Wed Jan  8 16:18:55 KST 2014
```

다음은 cal 명령어는 현재 년도와 월의 달력을 표시해 줍니다.

```
# cal
    January 2014
 S  M Tu  W Th  F  S
           1  2  3  4
 5  6  7  8  9 10 11
12 13 14 15 16 17 18
19 20 21 22 23 24 25
26 27 28 29 30 31
```

터미널 화면을 지우기 위해서는 clear 명령어를 수행합니다.

```
# clear
```

2] 명령어와 옵션 사용

두 번째 방법으로 명령어와 옵션을 사용하는 방법입니다. 명령어에 옵션을 사용하면 명령어를 어떻게 실행 할 것인지 지정할 수 있으며, 명령어와 옵션을 사용한 결과는 명령어만 사용했던 것과 다른 결과를 출력합니다.

다음은 uname 명령어에 -a 옵션을 사용한 예제입니다.

```
[Unix]
# uname -a
SunOS solaris 5.11 11.1 i86pc i386 i86pc
```

다음은 리눅스 시스템에서 수행한 예제입니다.

```
[Linux]
# uname -a
Linux localhost.localdomain 2.6.39-200.24.1.el6uek.x86_64 #1 SMP Sat Jun 23
02:39:07 EDT 2012 x86_64 x86_64 x86_64 GNU/Linux
```

-a 옵션은 시스템의 모든 정보를 보여주는 옵션입니다.

다음은 uname 명령어에 다른 옵션을 사용한 예제입니다.

```
[Unix]
# uname -s
SunOS
# uname -r
5.11
```

```
[Linux]
# uname -s
Linux
# uname -r
2.6.39-200.24.1.el6uek.x86_64
```

-s 옵션은 커널의 이름을 보여주며, -r 옵션은 커널의 버전 정보를 보여주는 옵션입니다.

여러 옵션을 한꺼번에 사용하기 위해서는 각 옵션마다 대시(-)를 사용하면 됩니다.

다음은 여러 옵션을 사용한 예제입니다.

```
[Unix]
# uname -s -r
SunOS 5.11
```

다음은 리눅스 시스템에서 수행한 예제입니다.

```
[Linux]
# uname -s -r
Linux 2.6.39-200.24.1.el6uek.x86_64
```

여러 옵션을 한꺼번에 사용하는 또 다른 방법은 대시(-)는 한번만 사용하고 옵션을 그 뒤에 나열하면 됩니다.

```
[Unix]
# uname -rs
SunOS 5.11
```

다음은 리눅스 시스템에서 수행한 결과입니다.

```
[Linux]
# uname -rs
Linux 2.6.39-200.24.1.el6uek.x86_64
```

3] 명령어와 아규먼트 사용

세 번째 방법으로 명령어와 아규먼트를 사용하는 방법입니다. 아규먼트는 명령어 실행 시 영향을 받는 파일 또는 디렉토리를 지정하거나, 원하는 결과를 출력할 때 사용할 수 있습니다. 다음은 cal 명령어에 아규먼트를 사용한 예제입니다.

```
# cal 2 2014
    February 2014
 S  M Tu  W Th  F  S
                   1
 2  3  4  5  6  7  8
 9 10 11 12 13 14 15
16 17 18 19 20 21 22
23 24 25 26 27 28
```

첫 번째 아규먼트인 2는 월을 나타내고, 두 번째 아규먼트인 2014는 년도를 나타냅니다.

4] 명령어 및 옵션과 아규먼트 함께 사용

네 번째 방법으로 명령어 및 옵션과 아규먼트를 함께 사용하는 방법입니다. ls 명령어는 디렉토리의 파일 목록을 확인하는 명령어입니다. 다음은 ls 명령어에 옵션과 아규먼트를 함께 사용한 예제입니다.

```
# ls -l /etc/hosts
lrwxrwxrwx   1 root     root          12 Jan  9 11:48 /etc/hosts -> ./inet/hosts
```

5] 여러 명령어 사용

다섯 번째 방법으로 여러 명령어를 사용하는 방법입니다. CLI에서 여러 명령어를 한 줄에서 실행하기 위해서는 각 명령어 마지막에 세미콜론(;)을 붙여서 명령어를 분리할 수 있습니다.

```
command option argument; command option argument; command option argument
```

다음은 두 개의 명령어를 한 줄에 실행한 예제입니다.

```
# date; uname
Thu Jan  9 12:13:35 UTC 2014
SunOS
```

당연하게 여러 명령어를 실행 시 옵션 또는 아규먼트도 함께 사용할 수 있습니다. 다음은 옵션과 아규먼트를 함께 사용한 예제입니다.

```
# cal 12 2013; date; uname -a
    December 2013
 S  M Tu  W Th  F  S
 1  2  3  4  5  6  7
 8  9 10 11 12 13 14
15 16 17 18 19 20 21
22 23 24 25 26 27 28
29 30 31

Thu Jan  9 12:15:00 UTC 2014
SunOS solaris 5.11 11.1 i86pc i386 i86pc
```

6] CLI 제어 문자

CLI에서 명령어를 입력하는 도중 키보드의 특수 제어 문자를 사용하여 화면의 출력을 중지 시키거나 명령어를 삭제 하는 등 제어를 할 수 있습니다.

● **표 2-3** 제어 문자

제어 문자	설명
Control-C	현재 동작중인 명령어 종료
Control-D	파일의 끝(End-Of-File) 또는 종료를 나타냄
Control-U	현재 명령어 라인을 모두 지움
Control-W	커서가 있는 곳의 단어를 지움
Control-S	화면 출력 중지
Control-Q	화면 출력 시작(Control-S로 중지시킨 후)

2.4 매뉴얼 페이지

유닉스/리눅스 시스템에서는 명령어의 사용법과 명령어의 설명을 가지고 있는 매뉴얼 페이지(Man Page)를 제공하고 있습니다. 매뉴얼 페이지는 명령어의 사용법과 설명뿐만 아니라, 옵션에 대한 정보, 사용하는 라이브러리, 시스템 콜 등을 포함하고 있습니다.

1 매뉴얼 페이지 보기

각 명령어의 매뉴얼 페이지를 확인하기 위해서는 man 명령어를 사용합니다. man 명령어의 형식은 다음과 같습니다.

```
man command
man option command
man option filename
```

다음은 uname 명령어의 매뉴얼 페이지를 본 결과입니다.

```
# man uname
Reformatting page.  Please Wait... done

User Commands                                              uname(1)

NAME
     uname - print name of current system

SYNOPSIS
     uname [-aimnprsvX]

     uname [-S system_name]

DESCRIPTION
     The uname utility prints information about the current  sys-
     tem on the standard output. When options are specified, sym-
     bols representing one or more system characteristics will be
     written to the standard output. If no options are specified,
     uname  prints  the  current  operating  system's  name.  The
     options  print  selected  information  returned by uname(2),
     sysinfo(2), or both.
...(중략)...
```

2 매뉴얼 페이지에서 이동

매뉴얼 페이지를 실행 중에 화면 스크롤은 키보드로 할 수 있습니다. [표 2-4]는 매뉴얼 페이지에서 스크롤키에 대한 표입니다.

○ **표 2-4** 매뉴얼 페이지 스크롤키

스크롤 키	설명
스페이스	다음 페이지 표시
엔터	다음 줄 표시
b	이전 페이지 표시
/패턴	특정 문자열 패턴을 검색(내림차순)

스크롤 키	설명
n	패턴 검색 후, 다음 패턴을 검색
h	스크롤 키와 관련된 설명 페이지 표시
q	man 명령어 종료

3 매뉴얼 페이지 검색

매뉴얼 페이지에서 특정 정보를 검색하는 방법은 두 가지가 있습니다. 첫 번째는 섹션별로 정보를 검색하는 방법이고, 두 번째는 키워드별로 특정 정보를 검색하는 방법입니다.

1] 섹션별 검색

매뉴얼 페이지에서 섹션이란, 명령어의 특정 항목 별로 분류를 해놓은 단위입니다. 다음은 운영체제에서 분류해 놓은 섹션입니다.

● **표 2-5** Unix System V 계열의 섹션

섹션	설명
1	일반 명령어
1M	시스템 관리 명령어 및 데몬
2	시스템 콜
3	C 라이브러리 기능
4	파일 포멧
5	기타 정보(Miscellanea)
6	게임 관련 및 스크린세이버
7	특수 파일(장치파일) 및 드라이버
9	커널 관련

● **표 2-6** Linux, BSD, OS X 계열의 섹션

섹션	설명
1	일반 명령어
2	시스템 콜
3	C 라이브러리 기능
4	특수 파일(장치파일) 및 드라이버
5	파일 포맷
6	게임 관련 및 스크린세이버
7	기타 정보(Miscellanea)
8	시스템 관리 명령어 및 데몬

> **용어 정리**
>
> **서브섹션**
> 간혹 섹션 번호 뒤에 문자가 붙는 경우가 있습니다. 이런 문자는 해당 섹션의 하위 섹션을 의미하며, 이를 서브섹션이라고 합니다. 예로 들어 3C의 경우 섹션 3의 C 라이브러리를 의미하며, 3M의 경우 M은 Math 라이브러리를 의미합니다. 이외의 참고할 만한 섹션은 p가 있으며 p는 POSIX(Portable Operating System Interface)를 의미하며, x는 X Windows System을 의미합니다.

man intro 명령어는 매뉴얼 페이지에서 섹션별 정보에 대한 설명을 보여줍니다.

명령어를 섹션별로 검색하기 위해서는 man 명령어의 -s 옵션과 함께 섹션 번호를 사용하면 됩니다. -s 명령어 사용법은 다음과 같습니다.

```
man -s number command
```

다음은 uname 명령어의 섹션 2(시스템 콜) 정보를 보는 명령어 예제입니다.

```
# man -s 2 uname
Reformatting page.  Please Wait... done

System Calls                                              uname(2)

NAME
     uname - get name of current operating system
```

```
SYNOPSIS
     #include <sys/utsname.h>

     int uname(struct utsname *name);

DESCRIPTION
     The  uname()  function  stores  information  identifying  the
     current  operating  system  in  the  structure pointed to by
     name.

     The uname() function uses the utsname structure, defined  in
     <sys/utsname.h>, whose members include:

...(중략)...


System Calls                                              uname(2)
      _____
     |      ATTRIBUTE TYPE        |      ATTRIBUTE VALUE          |
     |_____|_____|
     | Interface Stability        | Committed                     |
     |_____|_____|
     | MT-Level                   | Async-Signal-Safe             |
     |_____|_____|
     | Standard                   | See standards(5).             |
     |_____|_____|

SEE ALSO
     uname(1),  sysinfo(2),  sysconf(3C),  attributes(5),  stan-
     dards(5)
```

매뉴얼 페이지의 마지막에는 항상 SEE ALSO 부분이 나옵니다. SEE ALSO 부분은 해당 명령어와 관련 있는 다른 명령어 또는 파일에 대해 참고할 만한 섹션 번호가 나열 되어 있습니다. 예로 들어 현재 uname 명령어와 관련 있는 또 다른 명령어는 sysinfo 명령어의 섹션 2번을 참고 하라는 의미이여, man -s 2 sysinfo 명령어로 확인이 가능 합니다.

man 명령어의 -l 옵션은 해당 명령어가 가지고 있는 섹션 목록과 섹션 정보를 가지고 있는 파일이름을 확인할 수 있습니다. 다음은 -l 옵션을 사용하여 uname 명령어의 섹션 목록과 섹션 파일이름을 확인하는 예제입니다.

```
# man -l uname
uname (1)        -M /usr/share/man
uname (2)        -M /usr/share/man
```

uname 명령어는 섹션 1과 섹션 2가 있으며 섹션 정보를 가지고 있는 파일은 /usr/share/man 파일임을 나타냅니다.

참고로 uname은 섹션 3번 이후 정보를 가지고 있지 않으며, 만약 섹션 3을 확인하는 경우 다음과 같이 관련 섹션 정보가 없다는 에러를 표시해 줍니다.

```
# man -s 3 uname
No entry for uname in section(s) 3 of the manual.
```

2] 키워드 검색

키워드 검색은 검색하고자 하는 명령어가 확실할지 않을 때 사용할 수 있습니다. 키워드를 검색하기 위해서는 man 명령어에 -k 옵션을 사용합니다.

```
man  - k keyword
```

다음은 calendar 키워드로 관련 내용을 검색한 예제입니다.

```
[Unix]
# man -k calendar

1. calendar(1) /usr/share/man/man1/calendar.1
calendar - reminder service

2. cal(1) /usr/share/man/man1/cal.1
cal - display a calendar

3. zshcalsys(1) /usr/share/man/man1/zshcalsys.1
zshcalsys - zsh calendar system

4. mktime(3c) /usr/share/man/man3c/mktime.3c
mktime - converts a tm structure to a calendar time

5. difftime(3c) /usr/share/man/man3c/difftime.3c
difftime - computes the difference between two calendar times
```

다음은 리눅스 시스템에서 검색한 예제입니다.

```
[Linux]
# man -k calendar
cal              (1)  - displays a calendar
cal              (1p) - print a calendar
difftime         (3p) - compute the difference between two calendar time values
```

CHAPTER 3

디렉토리 및 파일 보기

CHAPTER 3
디렉토리 및 파일 보기

─ 학습목표

디렉토리 내용 확인 및 변경 등 디렉토리와 관련된 명령어를 학습합니다.
파일 내용을 확인하는 파일 관련 명령어를 학습합니다.

─ 학습내용

디렉토리 위치 확인, 디렉토리 내용 확인, 디렉토리 변경등 디렉토리와 관련된 pwd, ls, cd 등 명령어의 사용법에 대하여 학습하며, 파일 내용을 확인하는 cat, more, head, tail, wc 명령어의 사용법에 대하여 학습합니다.
여기에서는 다음과 같은 순서로 상세한 내용에 대하여 다루어 보도록 하겠습니다.

3.1 디렉토리 작업
3.2 파일 작업

3.1 디렉토리 작업

디렉토리를 확인하거나, 디렉토리 내용을 확인하거나, 디렉토리를 변경하는 등 디렉토리와 관련된 작업을 할 때 사용할 수 있는 pwd, ls, cd 등의 명령어에 대하여 살펴보겠습니다.

1 현재 작업 디렉토리 확인

pwd 명령어는 현재 접근하여 작업하고 있는 디렉토리를 확인하는 명령어입니다.

```
# pwd
/root
```

2 디렉토리 내용 확인

디렉토리의 내용이란 디렉토리가 가지고 있는 파일 또는 하위 디렉토리를 의미합니다. 엄밀히 말하면 디렉토리 역시 파일의 한 종류입니다. 디렉토리의 내용을 확인하기 위해서는 다음 명령어를 사용하여 확인할 수 있습니다. 다음은 ls 명령어의 사용법 입니다.

```
ls options pathname
```

다음은 현재 디렉토리의 내용을 확인하는 예제입니다.

```
# ls
dirA   dirB   dirC   fileA   fileB   fileC   fileD
```

다음은 dirA 디렉토리의 내용을 확인하기 위해 디렉토리 이름을 아규먼트로 사용한 예제입니다.

```
# ls dirA
fileX   fileY   fileZ
# ls /var/adm
acct      exacct    log       pool      sm.bin    utmpx
aculog    lastlog   messages  sa        streams   wtmpx
```

3 숨겨진 파일 보기

ls 명령어는 기본적으로 현재 작업 디렉토리의 숨겨진 파일을 표시하지 않습니다. 숨겨진 파일을 확인하기 위해서는 ls 명령어에 -a 옵션을 사용합니다. 다음은 ls -a 명령어의 예제입니다.

```
# ls -a
.           .bashrc    .profile   dirB       fileA      fileC
..          .lesshst   dirA                  dirC       fileB      fileD
```

유닉스/리눅스에서는 파일 이름 가장 처음에 마침표(.)가 있으면 모두 숨겨진 파일로 인식을 하며, 반드시 -a 옵션을 사용해야 확인이 가능 합니다. 참고로 .bashrc .profile .lesshst 파일은 숨겨진 파일이며 마침표가 하나(.) 있는 것은 현재 작업 디렉토리를 의미 하며, 마침표가 두 개(..) 있는 것은 상위에 있는 부모 디렉토리를 의미 합니다.

4 디렉토리 내용 자세히 보기

디렉토리의 내용의 자세한 정보를 확인하기 위해서는 ls 명령어의 -l 옵션을 사용합니다. 실제로 -l 옵션의 의미는 Long List(자세히 보기)라는 의미를 가지고 있습니다. 다음은 ls -l 명령어의 예제입니다.

```
# ls -l
total 13
drwxr-xr-x    2 root       root        5 Jan   9 16:37 dirA
drwxr-xr-x    2 root       root        2 Jan   9 16:12 dirB
drwxr-xr-x    2 root       root        2 Jan   9 16:12 dirC
-rw-r--r--    1 root       root        0 Jan   9 16:12 fileA
-rw-r--r--    1 root       root        0 Jan   9 16:12 fileB
-rw-r--r--    1 root       root        0 Jan   9 16:12 fileC
-rw-r--r--    1 root       root        0 Jan   9 16:12 fileD
```

자세히 보기를 했을 때 각 필드 의미는 아래와 같습니다.

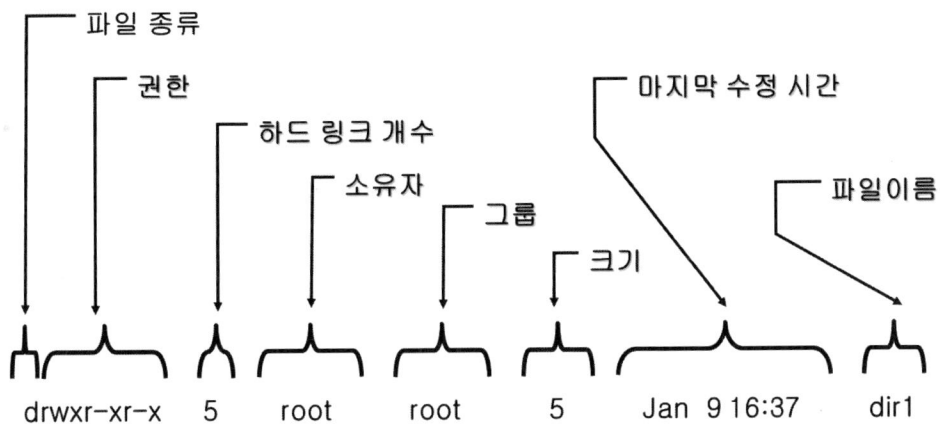

그림 3-1 ls -l 명령어 필드 의미

특정 디렉토리의 내용을 자세히 확인하기 위해 디렉토리 이름을 아규먼트로 사용할 수 있습니다. 다음은 dirA 디렉토리의 내용을 자세히 확인한 예제입니다.

```
# ls -l dirA
total 3
-rw-r--r--  1 root     root           0 Jan  9 16:37 fileX
-rw-r--r--  1 root     root           0 Jan  9 16:37 fileY
-rw-r--r--  1 root     root           0 Jan  9 16:37 fileZ
```

5 개별 디렉토리 확인

개별 디렉토리 확인이라는 의미는 특정 디렉토리의 내용을 확인하고자 하는 것이 아니라, 디렉토리 그 자체를 확인하는 것을 의미합니다. 디렉토리의 자세한 정보를 확인하기 위해서는 ls 명령어에 -d 옵션을 사용합니다. 다음은 -d 옵션을 사용했을 때와 사용하지 않았을 경우를 비교한 예제입니다.

```
[-d 옵션을 사용하지 않은 경우]
# ls -l dirA
total 3
-rw-r--r--  1 root     root           0 Jan  9 16:37 fileX
-rw-r--r--  1 root     root           0 Jan  9 16:37 fileY
-rw-r--r--  1 root     root           0 Jan  9 16:37 fileZ
```

-d 옵션을 사용하지 않은 경우에는 dirA 디렉토리의 내용이 보입니다.

```
[-d 옵션을 사용한 경우]
# ls -ld dirA
drwxr-xr-x   2 root       root           5 Jan  9 16:37 dirA
```

-d 옵션을 사용한 경우에는 dirA 디렉토리 자체의 정보를 확인할 수 있습니다.

6 디렉토리 하위 목록 보기

ls 명령어는 기본적으로 현재 디렉토리의 내용만 출력합니다. 그러나 현재 디렉토리의 내용 중 하위 디렉토리가 있는 경우 하위 디렉토리를 모두 확인하기 위해서는 -R 옵션을 사용합니다. 다음은 -R 옵션을 사용한 예제입니다.

```
# ls -R
.:
dirA   dirB   dirC   fileA   fileB   fileC   fileD

./dirA:
fileX   fileY   fileZ

./dirB:
file1   file2   file3

./dirC:
```

```
# ls -R dirA
dirA:
fileX   fileY   fileZ
```

7 파일 종류 확인

파일의 종류를 확인하기 위한 방법은 크게 3가지가 있습니다. 첫 번째는 ls 명령어의 -F 옵션을 사용하는 것이고, 두 번째는 ls 명령어의 -l 옵션을 사용하는 것입니다. 마지막으로 file 명령어를 통해 파일의 종류를 확인할 수 있습니다.

1] ls -F 명령어

다음은 ls -F 명령어의 예제입니다.

```
# ls -F
dirA/   dirB/   dirC/   fileA   fileB   fileC   fileD
# ls -F /sbin/uname
/sbin/uname*
# ls -F /bin/uname
/bin/uname@
```

ls -F 명령어의 결과는 ls 명령어의 결과와 차이점을 확인할 수 있습니다. 각 파일 이름의 마지막 부분에 기호로 표시 됩니다. 각 기호의 의미는 [표 3-1]과 같습니다.

◎ **표 3-1** ls -F 명령어 파일 종류 기호

기호	파일 종류
/	디렉토리 파일
*	실행 파일
(none)	텍스트 / ASCII 파일
@	심볼릭 링크 파일

2] ls -l 명령어

ls -l 명령어는 앞에서 다루었습니다. ls -l 명령어의 가장 첫 필드가 파일의 종류를 나타 냅니다. 각 기호의 의미는 [표 3-2]와 같습니다.

◎ **표 3-2** ls -l 명령어 파일 종류 기호

기호	파일 종류
d	디렉토리 파일
D	도어(Door) 파일
l	심볼릭 링크 파일
b	블록 장치 파일
c	캐릭터 장치 파일
p	FIFO 또는 Named Pipe 파일
P	이벤트 포트 파일

기호	파일 종류
s	AF_UNIX 주소 패밀리(소켓 통신)
–	일반 파일(텍스트 / ASCII / 실행 파일)

3] file 명령어

file 명령어는 특정 파일이 어떤 종류의 파일인지 확인할 때 사용할 수 있습니다. 다음은 file 명령어의 예제입니다.

```
# file dirA
dirA:           directory
# file dirA
dirA:           directory
# file /sbin/uname
/sbin/uname:    ELF 32-bit LSB executable 80386 Version 1 [FPU], dynamically
linked, not stripped, no debugging information available
# file /etc/hosts
/etc/hosts:     ascii text
```

용어 정리

ELF 란?
ELF의 Extensible Linking Format의 약자입니다. 현재 ELF는 Executable and Linkable Format의 약자로 Unix/Linux에서 실행파일 또는 라이브러리 파일을 의미 합니다.

8 디렉토리 변경

계층적인 디렉토리에서 작업 시, CLI에서 내리는 모든 명령어는 모두 현재 디렉토리에서 실행됩니다. 시스템에 최초 로그인 시 기본 작업 디렉토리는 각 사용자의 홈 디렉토리가 작업 디렉토리가 됩니다. 다른 디렉토리에서 명령어를 통해 작업하려면 cd 명령어를 사용하여 디렉토리를 변경합니다. 다음은 cd 명령어의 사용법입니다.

```
cd directory
```

다음은 cd 명령어로 디렉토리를 변경하는 예제입니다.

```
# pwd
/root
# cd dirA
# pwd
/root/dirA
```

1] 경로 이름 축약

디렉토리를 빠르게 이동하기 위한 방법으로 디렉토리 경로 이름 축약을 사용할 수 있습니다. ls -a 명령어에서 확인 했듯이, 모든 디렉토리에는 마침표 하나(.)와 마침표 두 개(..)인 경로가 존재합니다.

```
# ls -a
.       ..      fileX   fileY   fileZ
```

다시 언급하면, 마침표 하나(.)는 현재 작업 디렉토리 이며, 마침표 두 개(..)는 상위 디렉토리인 부모 디렉토리를 의미 합니다. 다음은 경로 축약을 사용하여 부모 디렉토리로 이동하는 예제입니다.

```
# pwd
/root/dirA
# cd ..
# pwd
/root
```

2] 상대 경로 vs. 절대 경로

계층적인 디렉토리를 이동하는 방법에는 크게 두 가지 방법이 있습니다. 하나는 상대 경로를 지정하는 방법이고, 다른 하나는 절대 경로를 지정하는 방법입니다.

① 상대 경로를 사용한 디렉토리 이동

상대 경로는 이동하고자 하는 디렉토리 경로를 현재 위치한 작업 디렉토리를 기준으로 표현하는 방법입니다.

```
# pwd
/root/dirA
# cd ../dirB
# pwd
/root/dirB
```

② 절대 경로를 사용한 디렉토리 이동

상대 경로는 이동하고자 하는 디렉토리 경로를 무조건 / 최상위 디렉토리를 기준으로 표현하는 방법입니다.

```
# pwd
/root/dirB
# cd /root/dirA
# pwd
/root/dirA
```

③ 홈 디렉토리 이동

홈 디렉토리는 개별 사용자만 사용할 수 있는 전용의 디렉토리입니다.

> **NOTE** 홈 디렉토리 위치
>
> - 관리자(root): 유닉스/리눅스 버전마다 약간씩 차이가 있지만 솔라리스 11이나 리눅스의 경우 /root 디렉토리가 홈 디렉토리가 됩니다. 솔라리스 10이전 버전은 / 디렉토리가 홈 디렉토리입니다.
> - 일반 사용자: 일반 사용자 역시 버전마다 약간씩 차이가 있지만 /home 또는 /export/home 디렉토리 하위에 사용자 이름으로 된 디렉토리가 홈 디렉토리가 됩니다.

사용자의 홈디렉토리로 이동하기 위해서는 cd 명령어와 함께 틸드(tilde: (~)) 문자를 사용합니다. 틸드(~) 문자는 절대 경로의 요약 경로입니다. 다음은 cd 명령어와 함께 틸드(~) 문자를 경로로 사용한 예제입니다.

```
# pwd
/
# cd ~
# pwd
/root
# cd ~/dirA
# pwd
/root/dirA
```

④ 이전 디렉토리 이동

현재 작업 디렉토리의 이전 디렉토리로 이동하기 위해서는 cd 명령어와 함께 대시(-) 문자를 사용합니다. 대시(-) 문자는 절대 경로의 요약 경로입니다. 다음은 cd 명령어와 함께 대시(-) 문자를 경로로 사용한 예제입니다.

```
# pwd
/
# cd /root/dirA
# pwd
/root/dirA
# cd -
/
# pwd
/
```

대시(-) 문자는, 이전 디렉토리의 경로로 가기 위해 입력할 명령어가 많거나, 또는 이전 디렉토리가 기억이 나지 않을 때 사용할 수 있습니다.

3.2 파일 작업

파일의 내용을 확인하는 명령어인 cat, more, head, tail 명령어에 대하여 살펴보겠습니다.

1 파일 내용 확인

파일 내용을 확인하는 명령어는 모든 파일을 확인할 수 있는 것은 아니고, 텍스트 파일, ASCII 파일과 같은 일반 문자열로 되어 있는 파일의 내용을 확인할 수 있습니다.

1] cat 명령어

cat 명령어는 하나 이상의 텍스트 파일을 화면으로 출력해주는 명령어입니다. 또한 파일의 모든 내용을 중단 없이 한꺼번에 출력해 줍니다. 즉, 터미널화면 보다 파일의 내용이 더 많은 경우 중단 없이 출력하기 때문에 상단에 있는 내용은 확인하지 못하고 마지막 내용만 확인 가능한 경우가 있습니다. 이런 경우에는 cat 명령어보다 more 명령어를 사용하는 것이 좋습니다. 다음은 cat 명령어의 사용법입니다.

```
cat filename
```

다음은 /etc/hosts 파일을 확인한 예제입니다.

```
# cat /etc/hosts
#
# Copyright 2009 Sun Microsystems, Inc.   All rights reserved.
# Use is subject to license terms.
#
# Internet host table
#
::1 solaris localhost
127.0.0.1 solaris localhost loghost
```

/etc/hosts 파일은 많은 내용을 포함하고 있지 않는 파일이기 때문에 터미널 창에서 모든 내용을 확인할 수 있습니다.

다음은 /etc/ssh/sshd_config 파일을 확인한 예제입니다.

```
# cat /etc/ssh/sshd_config
...(중략)...
# Are root logins permitted using sshd.
# Note that sshd uses pam_authenticate(3PAM) so the root (or any other) user
# maybe denied access by a PAM module regardless of this setting.
# Valid options are yes, without-password, no.
PermitRootLogin yes

# sftp subsystem
Subsystem       sftp    internal-sftp

# Uncomment if you don't trust ~/.ssh/known_hosts for RhostsRSAAuthentication.
#IgnoreUserKnownHosts yes
```

터미널 창의 크기에 따라 다르겠지만 sshd_config 파일은 약 100여 줄이 있으며 cat 명령어로 확인해보면 중단 없이 출력된다는 것을 확인할 수 있습니다.

cat 명령어로 바이너리(실행파일) 파일을 읽지 마십시오. cat 명령어로 바이너리 파일을 읽을 경우, 터미널의 폰트가 깨지거나 중지될 수 있습니다. 만약 폰트가 깨지거나 중지 된다면 해당 터미널을 닫았다가 다시 열면 됩니다.
이런 현상은 cat 명령어에만 해당되는 것이 아니고 more, head, tail 명령어도 똑같은 현상을 야기합니다.

2] more 명령어

more 명령어는 cat 명령어와 같이 텍스트 파일의 내용을 확인 할 수 있다는 점은 동일하지만, 위에서 언급했던 것처럼 more 명령어는 내용이 긴 텍스트 파일인 경우 페이지 단위로 보여주게 됩니다. 다음은 more 명령어의 사용법입니다.

```
more filename
```

다음은 /etc/sshd/sshd_config 파일을 more 명령어로 확인한 예제입니다.

```
# more /etc/ssh/sshd_config
#
# Copyright (c) 2001, 2011, Oracle and/or its affiliates. All rights reserved.
#
# Configuration file for sshd(1m) (see also sshd_config(4))
#

#
# The sshd shipped in this release of Solaris supports SSH protocol 2 only so
# there is no need to set the Protocol option.
#

# Listen port (the IANA registered port number for ssh is 22)
Port 22

# The default listen address is all interfaces, this may need to be changed
# if you wish to restrict the interfaces sshd listens on for a multi homed
host.
# Multiple ListenAddress entries are allowed.

# IPv4 only
#ListenAddress 0.0.0.0
# IPv4 & IPv6
ListenAddress ::
--More--(19%)
```

more 명령어로 파일을 읽은 경우 터미널 하단에 --More--(n%) 와 같은 메시지를 볼 수 있습니다. 이 의미는 전체 파일 중 현재 보고 있는 페이지의 백분율을 나타냅니다.

--More--(n%) 메시지가 표시된 경우, 키보드를 이용하여 파일의 내용을 스크롤 할 수 있습니다.

○ **표 3-3** more 명령어 스크롤키

스크롤 키	설명
스페이스	다음 페이지 표시
엔터	다음 줄 표시

스크롤 키	설명
b	이전 페이지 표시
/패턴	특정 문자열 패턴을 검색(내림차순)
n	패턴 검색 후, 다음 패턴을 검색
q	man 명령어 종료

more 명령어의 스크롤키는 매뉴얼 페이지의 스크롤키와 동일 합니다.

3] head 명령어

head 명령어는 cat, more 명령어와 같이 파일의 내용을 확인하는 명령어입니다. 그러나 성격이 다른 명령어입니다. head 명령어는 명령어 이름과 같이 기본적으로 파일의 첫 10줄만을 보여주는 명령어입니다. 다음은 head 명령어의 사용법입니다.

```
head [-n] filename
```

기본적으로 파일의 첫 10줄을 보여주지만, -n 옵션을 사용하면 보고 싶은 줄의 수를 지정할 수 있습니다. n은 보고자하는 줄 수를 지정합니다.

다음은 head 명령어와 tail 명령어의 이해를 돕기 위한 파일의 내용입니다.

```
# cat numbers
1
2
3
4
5
6
7
8
9
10
11
12
13
14
15
```

단순히 1에서 15까지 한 줄씩 번호가 붙여져 있는 파일입니다.

다음은 -n 옵션을 사용할 때와 사용하지 않을 때를 비교한 예제입니다.

```
# head numbers
1
2
3
4
5
6
7
8
9
10
```

```
# head -5 numbers
1
2
3
4
5
```

-5 옵션을 사용한 경우 numbers 파일의 첫 번째 줄부터 5번째 줄까지 확인할 수 있습니다.

4] tail 명령어

tail 명령어 역시 명령어 이름과 같이 기본적으로 파일의 마지막 10줄만을 보여주는 명령어입니다. 다음은 tail 명령어의 형식입니다.

```
tail [-n] filename
또는
tail [+n] filename
```

tail 명령어는 head와 약간의 차이점이 있습니다. -n 옵션은 파일의 마지막 줄부터 위로 몇 번째 줄 까지 읽을 것인지 지정하는 옵션이며, +n 옵션은 파일의 n번째 줄부터 마지막 줄까지 확인이 가능합니다.

다음은 tail 명령어의 -n 옵션과 +n 옵션을 비교한 예제입니다.

```
# tail -3 numbers
13
14
15
```

```
# tail +3 numbers
3
4
5
6
7
8
9
10
11
12
13
14
15
```

-3 옵션은 마지막 세 줄을 출력해 주며, +3은 세 번째 줄부터 마지막 줄 까지 출력해 줍니다.

5] wc 명령어

wc 명령어는 파일의 텍스트 내용을 확인하는 것이 아니라, 파일의 줄/단어/문자수를 확인할 수 있는 명령어입니다. 다음은 wc 명령어의 사용법입니다.

```
wc option filename
```

다음은 /etc/ssh/sshd_config 파일을 wc 명령어로 확인한 예제입니다.

```
# wc /etc/ssh/sshd_config
    101     483    3108 /etc/ssh/sshd_config
```

명령어 결과의 세 가지 숫자가 출력됩니다. 첫 번째 101은 줄 개수이고, 두 번째 483은 단어 개수, 마지막으로 3108은 문자 개수입니다.

옵션을 사용하여 특정 정보만 확인할 수도 있습니다.

○ **표 3-4** wc 명령어 옵션

옵션	설명
-l	줄 개수
-w	단어 개수
-c	바이트(Byte) 개수
-m	문자 개수

다음은 -l 옵션의 예제입니다.

```
# wc -l /etc/ssh/sshd_config
138 /etc/ssh/sshd_config
```

CHAPTER 4

디렉토리 및 파일 내용 변경

CHAPTER 4
디렉토리 및 파일 내용 변경

― 학습목표

파일 및 디렉토리를 복사 / 이동 / 생성 / 이름 변경 / 삭제하는 명령어에 대해 학습합니다.
링크 파일에 대한 개념과 관련 명령어에 대해 학습합니다.

― 학습내용

파일 및 디렉토리를 복사, 이동, 생성, 이름 변경, 삭제 하는 방법과 관련 명령어 및 옵션에 대해 학습하며, 링크 파일에 대한 개념과 파일을 링크하는 방법에 대해 학습합니다.
여기에서는 다음과 같은 순서로 상세한 내용에 대해 다루어 보도록 하겠습니다.

4.1 복사
4.2 이동
4.3 생성
4.4 이름 변경
4.5 삭제
4.6 링크

4.1 복사

cp 명령어를 사용하여 파일 또는 디렉토리를 복사할 수 있습니다. cp 명령어로 파일을 복사할 때는, 마지막 아규먼트에 파일 또는 디렉토리를 지정합니다.

1 파일 복사

cp 명령어는 파일의 내용을 다른 파일로 복사하는 명령어입니다. 또한 cp 명령어를 사용하여 여러 파일을 복사할 수 있습니다. cp 명령어는 여러 옵션을 사용할 수 있습니다. 예로, -i 옵션은 대화형으로 동작을 하여, 기존에 존재하는 파일로 복사를 시도 할 때 잘못해서 덮어 쓰는 것을 방지할 수 있습니다. 다음은 cp 명령어의 사용법입니다.

```
cp option source(s) target
```

source는 복사할 파일을 의미하는 것이고, target은 복사할 대상입니다.

1] 디렉토리 내에서 파일 복사

같은 디렉토리 내에서 파일을 다른 이름으로 복사하는 방법입니다. 다음은 현재 디렉토리의 fileA 파일을 fileAA라는 새로운 이름의 파일로 복사하는 예제입니다.

```
# ls -F
dirA/     dirB/     dirC/     fileA     fileB     fileC     fileD     numbers
# cp fileA fileAA
# ls -F
dirA/     dirC/     fileAA    fileC     numbers
dirB/     fileA     fileB     fileD
```

2] 여러 파일 복사

cp 명령어를 통해 여러 파일을 다른 디렉토리로 복사할 수도 있습니다. 이런 상황에서는 cp 명령어의 아규먼트로 여러 파일을 나열하고 마지막 아규먼트는 반드시 디렉토리가 되어야 합니다.

다음은 fileA와 fileAA 두 개의 파일을 dirC 디렉토리로 복사하는 예제입니다.

```
# pwd
/root
# ls -F dirC
# ls -F
dirA/       dirC/       fileAA      fileC       numbers
dirB/       fileA       fileB       fileD
# cp fileA fileAA dirC
# ls -F dirC
fileA       fileAA
```

3] 파일 복사 시 덮어쓰기 방기

파일 복사 시 실수로 기존에 존재하는 파일을 덮어쓸 수도 있습니다. 이럴 때는 -i 옵션을 사용하여 대화형 모드로 덮어쓰기를 방지할 수 있습니다. 대화형 모드에서는 기존에 동일한 파일이름이 있는 경우 덮어쓸 것인지, 덮어쓰지 않을 것인지 Yes/No로 확인하게 됩니다. 다음은 fileA를 fileAA로 복사를 하는데 fileAA는 기존에 존재하는 파일일 경우입니다.

```
# ls -F
dirA/       dirC/       fileAA      fileC       numbers
dirB/       fileA       fileB       fileD
# cp fileA fileAA
# cp -i fileA fileAA
cp: overwrite fileAA (yes/no)? y
```

-i 옵션을 사용하지 않을 때는 기존에 파일이 있더라도 덮어쓰게 되고, -i 옵션을 사용하면 대화형모드로 덮어쓸것인지 확인하게 됩니다. yes는 y로 no는 n으로 줄여서 사용 가능합니다.

2 디렉토리 복사

cp 명령어를 사용하여 디렉토리를 다른 디렉토리로 복사할 수도 있습니다. 디렉토리를 복사할 때는 반드시 -r 옵션을 사용해야 합니다. -r 옵션을 사용하지 않으면 에러 메시지를 발생시킵니다. 다음은 -r 옵션을 사용하지 않고 디렉토리를 복사할 때 발생하는 에러 예제입니다.

```
[Unix]
# cp dirC dirCC
cp: dirC: is a directory
```

```
[Linux]
# cp dirC dirCC
cp: omitting directory `dirC '
```

디렉토리를 복사할 때는 항상 -r 옵션을 사용합니다. 다음은 -r 옵션을 사용한 정상적인 디렉토리 복사 방법입니다.

```
# ls -F
dirA/     dirC/     fileAA    fileC     numbers
dirB/     fileA     fileB     fileD
# cp -r dirC dirCC
# ls -F
dirA/     dirC/     fileA     fileB     fileD
dirB/     dirCC/    fileAA    fileC     numbers
# ls -F dirC
fileA     fileAA    fileB
# ls -F dirCC
fileA     fileAA    fileB
```

[표 4-1]은 cp 명령어에서 자주 사용하는 옵션에 대한 설명입니다.

◎ 표 4-1 cp 명령어 옵션

옵션	설명
-i	대화형모드, 복사시 파일을 덮어쓰는 것을 방지함
-r	디렉토리를 복사 시, 해당 디렉토리의 하위 모든 파일과 디렉토리를 새로운 디렉토리에 복사함

4.2 이동

mv 명령어를 사용하여 파일 또는 디렉토리를 이동할 수 있습니다. mv 명령어는 기존의 파일 또는 디렉토리의 내용을 변경하지는 않습니다.

1 파일 이동

mv 명령어로 파일을 다른 디렉토리로 이동할 수 있습니다. cp 명령어 -i 옵션은, mv 명령어에도 똑같이 작동합니다. 다음은 mv 명령어의 사용법입니다.

```
mv option source target
```

source는 역시 이동할 파일이며, target은 이동할 대상 경로입니다. 다음은 mv 명령어로 fileD를 dirC 디렉토리로 이동하는 예제입니다.

```
# ls -F
dirA/      dirC/      fileA      fileB      fileD
dirB/      dirCC/     fileAA     fileC      numbers
# ls -F dirC
fileA     fileAA     fileB
# mv fileD dirC
# ls -F
dirA/      dirC/      fileA      fileB      numbers
dirB/      dirCC/     fileAA     fileC
# ls -F dirC
fileA     fileAA     fileB      fileD
```

2 디렉토리 이동

mv 명령어로 디렉토리를 다른 디렉토리로 이동할 수도 있습니다. 다음은 dirCC 디렉토리를 dirC 디렉토리 하위에 이동하는 예제입니다.

```
# ls -F
dirA/    dirC/    fileA    fileB    numbers
dirB/    dirCC/   fileAA   fileC
# ls -F dirC
fileA    fileAA   fileB    fileD
# mv dirCC dirC
# ls -F
dirA/    dirB/    dirC/    fileA    fileAA   fileB    fileC    numbers
# ls -F dirC
dirCC/   fileA    fileAA   fileB    fileD
```

4.3 생성

파일을 생성할 때에는 touch 명령어를 사용하고, 디렉토리를 생성할 때에는 mkdir 명령어를 사용합니다.

1 빈 파일 생성

touch 명령어는 아무런 내용이 없는 빈 파일을 생성하는 명령어입니다. touch 명령어 한 번으로 하나 또는 여러 개의 빈 파일을 동시에 생성할 수 있습니다. 만약 생성하고자 하는 파일이 기존에 존재한다면 파일의 내용은 바뀌지 않지만, 파일의 수정 시간과 접근 시간이 현재 시각으로 변경되게 됩니다. 다음은 touch 명령어의 사용법입니다.

```
touch filename
```

다른 모든 명령어도 동일하지만, 파일이나 디렉토리를 다룰 때는 절대경로 또는 상대경로로 표현할 수 있습니다. 다음은 dirC 디렉토리에 touch_file 이란 이름의 빈 파일을 만드는 예제입니다.

```
# pwd
/root
# ls -F dirC
dirCC/     fileA     fileAA     fileB     fileD
# touch dirC/touch_file
# ls -F dirC
dirCC/        fileA        fileAA        fileB        fileD        touch_file
```

다음은 여러 빈 파일을 동시에 만드는 예제입니다.

```
# ls -F
dirA/     dirB/     dirC/     fileA     fileAA     fileB     fileC     numbers
# touch makeA makeB makeC
# ls -F
dirA/     dirC/     fileAA    fileC     makeB     numbers
dirB/     fileA     fileB     makeA     makeC
```

2 디렉토리 생성

mkdir 명령어는 새로운 이름의 디렉토리를 생성하는 명령어입니다. 다음은 디렉토리를 만드는 예제입니다.

```
# ls -F
dirA/     dirC/     fileAA    fileC     makeB     numbers
dirB/     fileA     fileB     makeA     makeC
# mkdir dirX
# ls -F
dirA/     dirC/     fileA     fileB     makeA     makeC
dirB/     dirX/     fileAA    fileC     makeB     numbers
# ls -ld dirX
drwxr-xr-x   2 root      root          2 Jan 10 04:19 dirX
```

디렉토리를 만들 때, 디렉토리를 한꺼번에 계층적으로 만들려고 하면 다음과 같은 에러가 발생합니다. 다음은 현재 디렉토리에 dirY 디렉토리를 만들고, 동시에 dirY 하위에 dirZ를 만드는 예제와 에러 메시지 예제입니다.

```
# ls -F
dirA/     dirC/     fileA     fileB     makeA     makeC
dirB/     dirX/     fileAA    fileC     makeB     numbers
# mkdir dirY/dirZ
mkdir: Failed to make directory "dirY/dirZ"; No such file or directory
# ls -F
dirA/     dirC/     fileA     fileB     makeA     makeC
dirB/     dirX/     fileAA    fileC     makeB     numbers
```

위의 에러 메시지는 dirZ를 만들기 위해 dirY 디렉토리가 없다는 에러 메시지입니다.

위와 같이 한꺼번에 계층적으로 만들기 위해서는 -p 옵션을 사용해야 합니다. 다음은 -p 옵션을 사용하여 디렉토리를 생성하는 예제입니다.

```
# ls -F
dirA/     dirC/     fileA     fileB     makeA     makeC
dirB/     dirX/     fileAA    fileC     makeB     numbers
# mkdir -p dirY/dirZ
# ls -F
dirA/     dirC/     dirY/     fileAA    fileC     makeB     numbers
dirB/     dirX/     fileA     fileB     makeA     makeC
# ls -F dirY
dirZ/
```

mkdir 명령어에 아규먼트를 여러개 지정하면, 여러 디렉토리를 동시에 생성할 수 있습니다.

```
# mkdir dirU dirV
# ls -F
dirA/     dirC/     dirV/     dirY/     fileAA    fileC     makeB     numbers
dirB/     dirU/     dirX/     fileA     fileB     makeA     makeC
```

4.4 이름 변경

파일 또는 디렉토리 이름을 변경하기 위해서 mv 명령어를 사용합니다. mv 명령어는 파일 또는 디렉토리를 이동할 때도 사용하는 명령어지만, 이름을 변경할 때도 사용할 수 있습니다.

1 파일 이름 변경

mv 명령어로 파일 이름을 변경하는 사용법입니다.

```
mv old_filename new_filename
```

다음은 mv 명령어를 통해 fileAA 파일을 fileF 파일로 이름을 변경하는 예제입니다.

```
# ls -F
dirA/       dirB/       dirC/       dirU/       dirV/       dirX/       dirY/       fileA
fileAA      fileB       fileC       makeA       makeB       makeC       numbers
# mv fileAA fileF
# ls -F
dirA/       dirB/       dirC/       dirU/       dirV/       dirX/       dirY/       fileA
fileB       fileC       fileF       makeA       makeB       makeC       numbers
```

파일 이름을 변경할 때는 반드시 같은 경로에 다른 이름을 지정하면 됩니다.

2 디렉토리 이름 변경

mv 명령어로 디렉토리 이름을 변경하는 사용법입니다.

```
mv old_dirname new_dirname
```

다음은 mv 명령어를 통해 dirU 디렉토리를 dirD 디렉토리로 이름을 변경하는 예제입니다.

```
# ls -F
dirA/      dirB/      dirC/      dirU/      dirV/      dirX/      dirY/      fileA
fileB      fileC      fileF      makeA      makeB      makeC      numbers
# mv dirU dirD
# ls -F
dirA/      dirB/      dirC/      dirD/      dirV/      dirX/      dirY/      fileA
fileB      fileC      fileF      makeA      makeB      makeC      numbers
```

디렉토리 이름을 변경할 때 역시 반드시 같은 경로에 다른 이름을 지정하면 됩니다.

4.5 삭제

파일과 디렉토리 삭제 할 때는, rm 명령어와 rmdir 명령어를 사용합니다.

1 파일 삭제

rm 명령어를 사용하면 하나 또는 하나 이상의 파일을 삭제할 수 있습니다. 다음은 rm 명령어의 사용법입니다.

```
rm option filename
```

다음은 rm 명령어를 사용하여 파일을 삭제하는 예제입니다.

```
# ls -F
dirA/      dirB/      dirC/      dirD/      dirV/      dirX/      dirY/      fileA
fileB      fileC      fileF      makeA      makeB      makeC      numbers
# rm makeA
# rm makeB makeC
# ls -F
dirA/      dirB/      dirC/      dirD/      dirV/      dirX/      dirY/      fileA
fileB      fileC      fileF      numbers
```

rm 명령어에 아규먼트를 여러 개 지정하면 파일을 동시에 여러 파일을 삭제할 수 있습니다.

-i 옵션은 cp 명령어와 mv 명령어와 같이, 대화형 모드로 동작합니다. 파일 삭제 시 대화형 모드로 명령을 내리면 진짜 삭제할 것인지 여부를 물어보게 됩니다. 다음은 -i 옵션을 사용하여 파일을 삭제하는 예제입니다.

```
# rm -i fileF
rm: remove fileF (yes/no)? y
```

2 디렉토리 삭제

1] 빈 디렉토리 삭제

디렉토리에 파일 또는 다른 디렉토리가 없는 빈 디렉토리인 경우 rmdir 명령어를 사용합니다. 다음은 rmdir 명령어의 사용법입니다.

```
rmdir directory(s)
```

삭제하고자 하는 빈 디렉토리가 여러 개인 경우 아규먼트를 여러 개 지정하면 됩니다. 다음은 rmdir 명령어를 사용하여 dirD 디렉토리를 삭제하는 예제입니다.

```
# ls -F
dirA/   dirB/   dirC/   dirD/   dirV/   dirX/   dirY/   fileA   fileB   fileC   numbers
# ls -F dirD
# rmdir dirD
# ls -F
dirA/   dirB/   dirC/   dirV/   dirX/   dirY/   fileA   fileB   fileC   numbers
```

만약 디렉토리가 비어있지 않다면 다음과 같은 에러 메시지가 발생합니다.

```
# ls -F dirC
dirCC/   fileA   fileAA   fileB   fileD   touch_file
# rmdir dirC
rmdir: directory "dirC": Directory not empty
```

비어있지 않은 디렉토리를 삭제할 경우에는 다른 방법을 사용해야 합니다.

2] 파일이 있는 디렉토리 삭제

디렉토리에 파일 또는 하위 디렉토리가 있는 경우에는 rm 명령어를 사용합니다. rm 명령어로 디렉토리를 삭제할 때는 반드시 -r 명령어를 사용해야 하위에 있는 모든 파일과 디렉토리까지 삭제됩니다. 다음은 디렉토리를 삭제하는 rm 명령어의 사용법입니다.

```
rm -r directory(s)
```

만약 rm 명령어로 디렉토리 삭제 시 -r 옵션을 사용하지 않으면 다음과 같은 에러 메시지가 출력됩니다.

```
# rm dirC
rm: dirC is a directory
```

다음은 -r 옵션을 사용하여 dirC 디렉토리를 삭제하는 예제입니다.

```
# ls -F
dirA/   dirB/   dirC/   dirV/   dirX/   dirY/   fileA   fileB   fileC   numbers
# ls -F dirC
dirCC/   fileA   fileAA   fileB   fileD   touch_file
# rm -r dirC
dirA/   dirB/   dirV/   dirX/   dirY/   fileA   fileB   fileC   numbers
```

rm 명령어 역시 cp 또는 mv 명령어의 옵션과 대부분 같으며, -i 옵션 역시 사용이 가능합니다. -i 옵션을 사용하면 대화형 모드로, 진짜 삭제할 것인지 한 번 더 확인하게 됩니다.

```
# rm -i numbers
rm: remove numbers (yes/no)? n
```

4.6 링크

링크는 특정 하나의 파일 또는 디렉토리에 접근을 쉽게할 수 있도록 하는 방법입니다.

1 링크 기본

링크는 cp 명령어로 파일 또는 디렉토리를 복사하는 개념과는 조금 다릅니다. 복사는 다른 이름을 가진 파일 또는 디렉토리로 복사하면, 두 개의 파일 또는 디렉토리는 그 순간 같은 내용을 가지지만, 사실상 두 개는 전혀 다른 파일 또는 디렉토리입니다. 즉, 하나의 파일 또는 디렉토리의 내용이 변경되면 다른 파일 및 디렉토리에는 아무런 영향을 미치지 않습니다. 그러나 링크 되어있는 두 개의 파일 또는 디렉토리는 똑같은 내용을 바라보고 있으며, 두 파일 또는 디렉토리는 이름이 다를 뿐 같은 내용을 가지고 있게 됩니다. 즉, 링크 되어 있는 서로 다른 파일 또는 디렉토리 중 하나를 변경하면 다른 하나의 내용도 똑같이 변경이 됩니다. 링크는 하드 링크와 심볼릭 링크 두 가지 종류가 있습니다.

1] 하드 링크

하드 링크는 특정 파일이 디스크에 저장되어있는 위치가 동일 한 곳을 가리키고 있는 포인터입니다. 심볼릭 링크는 파일 또는 디렉토리 이름을 가리키고 있는 포인터라면, 하드 링크는 실제 저장된 위치를 가리키고 있는 포인터라는 점에서 차이가 있습니다. 하드 링크의 장점은 실제 디스크의 위치를 똑같이 가리키고 있기 때문에 아무리 많은 하드 링크 파일을 만든다고 하더라도, 용량은 더 이상 늘어나지 않습니다. 하드 링크 파일을 구분하는 방법은 ls -l 명령어의 두 번째 필드를 확인하면 됩니다.

다음은 ls 명령어에서 하드 링크 파일을 구분하는 예제입니다.

```
# ls -il /bin/cd
    54561 -r-xr-xr-x 18 root     bin      2859032 Sep 19  2012 /bin/cd
# ls -il /usr/bin/cd
    54561 -r-xr-xr-x 18 root     bin      2859032 Sep 19  2012 /usr/bin/cd
```

ls 명령어의 -i 옵션은 파일의 inode를 확인하는 옵션입니다. inode가 54561로 두 파일이 같다는 것은 같은 디스크의 같은 위치를 가리키고 있다는 의미이며, 18은 하드 링크의 개수가 18개가 있다는 의미입니다.

하드 링크를 깊게 이해하시려면 추후 UFS 파일 시스템의 구조와 inode에 대해 학습하길 바랍니다.

2] 심볼릭 링크

심볼릭 링크는 특정 파일 또는 디렉토리를 가리키고 있는 포인터입니다. 심볼릭 링크는 윈도우 운영체제의 바로가기 아이콘의 개념을 생각하면 쉽게 이해할 수 있습니다. 심볼릭 링크 파일을 구분하는 방법은 ls -F 명령어에서 파일이름 마지막에 @ 문자가 있는 파일이며, ls -l 명령어에서는 파일의 형식 필드에 l 이라고 표시됩니다.

다음은 ls 명령어에서 심볼릭 링크 파일을 구분하는 예제입니다.

```
# ls -F /bin/uname
/bin/uname@
# ls -l /bin/uname
lrwxrwxrwx   1 root     root          13 Jan  9 11:47 /bin/uname -> ../sbin/uname
```

ls -l 명령어 결과에서 심볼릭 링크의 파일이름을 확인해 보면 화살표(->) 다음은 실제 포인터로 가리키고 있는 파일의 이름을 나타내 줍니다.

2 하드 링크 생성

하드 링크를 생성하기 위해서는 ln 명령어를 사용합니다. 다음은 ln 명령어의 사용법입니다.

```
ln source target
```

source는 링크할 파일이며, target은 생성할 링크 파일 이름입니다.

다음은 fileA 파일을 hardA 파일로 하드 링크를 생성하는 예제입니다.

```
# ls -il fileA
    82817 -rw-r--r--   1 root     root          0 Jan  9 16:12 fileA
# ln fileA hardA
# ls -il fileA hardA
    82817 -rw-r--r--   2 root     root          0 Jan  9 16:12 fileA
    82817 -rw-r--r--   2 root     root          0 Jan  9 16:12 hardA
```

하드 링크를 생성하기 전 fileA의 하드 링크 개수는 1이였지만, 하드 링크를 생성하고 난 후 fileA와 hardA 파일 둘 다 링크 개수는 2로 늘어난 것을 확인할 수 있습니다. 또한 파일의 inode가 같다는 의미는 같은 디스크의 위치를 가리키고 있다는 의미입니다.

3 하드 링크 삭제

하드 링크를 삭제하는 명령어는 rm 명령어입니다. 앞서 rm 명령어는 확인해 봤습니다. 다음은 rm 명령어로 하드 링크를 삭제하는 예제입니다.

```
# ls -il fileA hardA
    82817 -rw-r--r--   2 root      root         0 Jan  9 16:12 fileA
    82817 -rw-r--r--   2 root      root         0 Jan  9 16:12 hardA
# rm hardA
# ls -il fileA
    82817 -rw-r--r--   1 root      root         0 Jan  9 16:12 fileA
# ls -il hardA
hardA: No such file or directory
```

하드 링크 파일 중 하나를 삭제하면 링크 개수는 역시 줄어드는 것을 확인할 수 있습니다.

4 심볼릭 링크 생성

심볼릭 링크를 생성하는 방법은 ln 명령어에 -s 옵션을 사용합니다. 다음은 ln -s 명령어로 심볼릭 링크를 생성하는 예제입니다.

```
# ls -il fileA
    82817 -rw-r--r--   1 root      root         0 Jan  9 16:12 fileA
# ln -s fileA symbolA
# ls -il fileA symbolA
    82817 -rw-r--r--   1 root      root         0 Jan  9 16:12 fileA
    83125 lrwxrwxrwx   1 root      root         5 Jan 10 06:13 symbolA -> fileA
```

심볼릭 링크는 파일 형식이 l로 표시가 되며 fileA와 symbolA 파일의 inode가 다르다는 것은 다른 파일이라는 의미입니다. 즉, 디스크의 같은 위치를 가리키고 있는 것이 아니라, symbolA는 fileA라는 파일을 가리키고 있는 포인터입니다.

5 심볼릭 링크 삭제

심볼릭 링크를 삭제하는 방법 역시 일반 파일을 삭제하는 방법과 동일 합니다. 다음은 rm 명령어로 심볼릭 링크를 삭제하는 예제입니다.

```
# ls -il fileA symbolA
    82817 -rw-r--r--  1 root     root          0 Jan  9 16:12 fileA
    83125 lrwxrwxrwx  1 root     root          5 Jan 10 06:13 symbolA -> fileA
# rm symbolA
# ls -il fileA
    82817 -rw-r--r--  1 root     root          0 Jan  9 16:12 fileA
# ls -il symbolA
symbolA: No such file or directory
```

CHAPTER 5

파일 및 디렉토리 검색

CHAPTER 5
파일 및 디렉토리 검색

─ 학습목표

파일의 내용을 검색하는 grep, egrep, fgrep 명령어에 대해 학습합니다.
grep 명령에서 사용하는 정규 표현식을 학습합니다.
파일 및 디렉토리를 검색하는 find 명령어에 대해 학습합니다.

─ 학습내용

텍스트 파일의 내용을 검색하기 위한 grep, egrep, fgrep 명령어의 사용 방법과, grep 명령어로 검색 패턴에 사용되는 정규 표현식에 대해 학습합니다. 또한 디스크에서 파일 및 디렉토리를 검색하는 find 명령어에 대해 학습합니다.

여기에서는 다음과 같은 순서로 상세한 내용에 대해 다루어 보도록 하겠습니다.

5.1 파일 내용 검색
5.2 파일 및 디렉토리 검색

5.1 파일 내용 검색

파일 내용에서 특정 문자 또는 패턴을 검색하는 grep, egrep, fgrep 명령어에 대해 살펴보도록 하겠습니다.

1 grep 명령어

grep 명령어는 하나 이상의 파일에서 문자패턴을 검색합니다. 또한 패턴을 검색해 매칭 되는 결과를 화면으로 출력합니다. grep 명령어는 파일 내용을 수정하지는 않습니다. 다음은 grep 명령어의 형식입니다.

```
grep option pattern filename
```

grep 명령어의 옵션을 사용하면 출력되는 결과를 다르게 할 수 있습니다. 다음은 grep 명령어의 옵션이며 -w 옵션을 제외하고 거의 대부분 egrep, fgrep 명령어에도 똑같이 적용됩니다.

◎ 표 5-1 grep 명령어 옵션

옵션	설명
-i	검색 패턴 대소문자 무시
-l	매칭 되는 패턴이 있는 파일 이름 출력
-n	매칭 되는 줄 번호 표시
-v	검색 패턴을 제외하고 검색
-c	검색 패턴과 매칭 되는 줄 개수 출력
-w	단어 단위로 검색

다음은 /etc/passwd 파일 내용 중 root 패턴을 검색하는 예제입니다.

```
# grep 'root' /etc/passwd
root:x:0:0:Super-User:/root:/usr/bin/bash
```

-n 옵션은 해당 파일에서 검색한 내용의 줄 번호를 포함하여 출력합니다.

```
# grep -n 'root' /etc/passwd
1:root:x:0:0:Super-User:/root:/usr/bin/bash
```

다음은 /etc/passwd 파일 내용 중 root 패턴을 제외하고 검색하는 예제입니다.

```
# grep -v 'root' /etc/passwd
daemon:x:1:1::/:
bin:x:2:2::/usr/bin:
sys:x:3:3::/:
adm:x:4:4:Admin:/var/adm:
lp:x:71:8:Line Printer Admin:/:
...(중략)...
```

다음은 -l 옵션을 사용하여 /etc 디렉토리의 여러 파일에서 root 패턴을 가진 파일을 검색하는 예제입니다.

```
# grep -l 'root' /etc/*
/etc/aliases
/etc/devlink.tab
/etc/driver_aliases
/etc/format.dat
/etc/ftpusers
/etc/group
...(중략)...
```

다음은 -c 옵션을 사용하여 해당 패턴의 개수를 확인하는 예제입니다.

```
# grep -c 'root' /etc/group
11
```

다음은 -w 옵션을 사용하지 않고 검색하는 예제입니다.

```
# grep 'ksh' /etc/passwd
upnp:x:52:52:UPnP Server Reserved UID:/var/coherence:/bin/ksh
postgres:x:90:90:PostgreSQL Reserved UID:/:/usr/bin/pfksh
```

다음은 -w 옵션을 사용하여 단어 단위로 검색하는 예제입니다.

```
# grep -w 'ksh' /etc/passwd
upnp:x:52:52:UPnP Server Reserved UID:/var/coherence:/bin/ksh
```

-w 옵션을 사용했을 때와 사용하지 않았을 때 결과를 비교해 보면, -w 옵션을 사용하지 않은 경우는 pfksh 역시 검색 대상에 포함된다는 것을 알 수 있습니다.

grep 명령어로 패턴 지정 시에 사용할 수 있는 특수 문자가 있습니다. 이런 특수 문자는 정규 표현식이라 하며 메타문자라고도 합니다. grep 명령어에서 사용할 수 있는 정규 표현식 메타문자를 확인해보도록 하겠습니다.

● 표 5-2 정규 표현식 메타문자

메타 문자	용도	예제	결과
^	줄의 시작 지정	^solaris	solaris로 시작하는 줄
$	줄의 마지막 지정	solaris$	solaris로 끝나는 줄
.	한 문자 대치	s.....s	s로 시작하고, 5개의 아무문자, s로 끝남
*	아무것도 없거나 여러 문자 대치	[a-z]*	소문자로 시작하는 모든 문자 또는 아무것도 없음
[]	패턴 중 한 문자 대치	[Ss]olaris	Solaris 또는 solaris
[^]	패턴 중 제외할 한 문자	[^a-r]olaris	첫 문자가 a에서 r까지 제외하고 s에서 z까지 오는 문자

다음은 uucp로 시작하는 줄을 검색하는 예제입니다.

```
# grep '^uucp' /etc/passwd
uucp:x:5:5:uucp Admin:/usr/lib/uucp:
```

다음은 줄에서 마침표(.)를 이용하여 특정 문자를 대치시켜 검색하는 예제입니다.

```
# grep 'u..p' /etc/passwd
uucp:x:5:5:uucp Admin:/usr/lib/uucp:
nuucp:x:9:9:uucp Admin:/var/spool/uucppublic:/usr/lib/uucp/uucico
upnp:x:52:52:UPnP Server Reserved UID:/var/coherence:/bin/ksh
```

다음은 달러($)를 이용하여 ksh로 끝나는 줄을 검색하는 예제입니다.

```
# grep 'ksh$' /etc/passwd
upnp:x:52:52:UPnP Server Reserved UID:/var/coherence:/bin/ksh
postgres:x:90:90:PostgreSQL Reserved UID:/:/usr/bin/pfksh
```

2 egrep 명령어

egrep 명령어는 grep 명령어와 사용법이 동일합니다. egrep은 grep 명령어의 기능에 추가로 확장 정규 표현식을 지원합니다.

○ 표 5-3 확장 정규 표현식 메타문자

메타 문자	용도	예제	결과
+	특정 문자 앞에 하나 이상의 문자 있음	[a-z]+tion	tion 문자 앞에 소문자의 문자 있음 (예, caution, mention 등)
x|y	x 또는 y	root|admin	root 또는 admin
(abc|def)	abc 또는 def (문자열)	ha(ve|ving)	have 또는 having

다음은 확장 정규 표현식을 사용한 예제입니다.

```
# egrep 'N(o|e)+' /etc/passwd
netadm:x:16:65:Network Admin:/:
netcfg:x:17:65:Network Configuration Admin:/:
noaccess:x:60002:60002:No Access User:/:
```

No 또는 Ne 뒤에 어떤 글자가 오는 패턴을 찾게 됩니다.

```
# egrep '(Network|Printer) Admin' /etc/passwd
lp:x:71:8:Line Printer Admin:/:
netadm:x:16:65:Network Admin:/:
```

Network Admin 또는 Printer Admin 패턴을 찾게 됩니다.

3 fgrep 명령어

fgrep 명령어 역시 grep과 egrep 명령어와 사용법이 동일합니다. fgrep의 특징은 정규 표현식 이나 확장 정규 표현식이 무시된다는 점에서 차이가 있습니다. 검색하고자 하는 패턴에 일반적인 문자가 아닌 정규 표현식에서 사용하는 문자가 포함된 패턴을 검색 하고자 할 때 사용할 수 있습니다. 즉, 정규 표현식에 사용되는 메타문자를 메타문자로 인식하지 않고 일반 문자로 처리하게 됩니다.

다음은 egrep과 fgrep의 차이점을 보여주는 예제입니다.

```
# egrep '*LK*' /etc/shadow
egrep: syntax error
```

```
# fgrep '*LK*' /etc/shadow
dladm:*LK*:::::::
netadm:*LK*:::::::
netcfg:*LK*:::::::
gdm:*LK*:::::::
xvm:*LK*:6445:::::::
...(생략)...
```

egrep 에서는 패턴 문법 에러가 나오지만 fgrep에서는 *LK* 라는 패턴을 그대로 사용하게 됩니다.

5.2 파일 및 디렉토리 검색

계층적인 디렉토리 구조에서 특정 파일 및 디렉토리를 검색하기 위해 find 명령어를 사용합니다. find 명령어는 파일 이름, 크기, 소유자, 시간, 종류와 같은 조건을 사용하여 검색할 수 있습니다.

① find 명령어

find 명령어는 특정 디렉토리를 기준으로 하위 디렉토리를 검색해 줍니다. 다음은 find 명령어 형식입니다.

```
find pathname expression action
```

find 명령어의 인자는 세 가지가 있으며, 각 인자에 대한 설명은 아래 표를 참고하세요.

● **표 5-4** find 명령어 형식

형식	설명
경로(pathname)	검색을 시작할 절대경로 또는 상대경로
조건(expression)	검색 조건 지정
동작(action)	파일 검색 후 동작 지정

● **표 5-5** find 명령어 조건(Expression)

조건	설명
-name filename	특정 파일 이름 지정 (메타문자 사용 가능)
-type	검색할 파일 종류 지정 예) f(파일), d(디렉토리) 등 ls -l 의 파일 종류를 지정
-perm	특정 권한을 가진 파일 검색
-user LoginID	특정 사용자가 소유한 파일 검색
-size [+|-]n	파일의 특정 크기 검색 +n은 이상, -n은 이하, n은 정확한 크기를 나타냄
-atime [+|-]n	파일에 접근한 시간 검색
-mtime [+|-]n	파일을 수정한 시간 검색

> **NOTE** **size 검색?**
>
> n의 단위는 512 Byte 블록 입니다. 예로 들어 10은 5120 Byte를 의미합니다. n 뒤에 특정 문자를 지정하면 원하는 단위로 검색이 가능합니다. c는 Byte 단위, k는 KiloByte, M은 MegaByte, G는 GigaByte입니다. 유닉스/리눅스 버전마다 추가로 사용할 수 있는 단위는 다를 수 있습니다.

● **표 5-6** find 명령어 동작(Action)

동작	설명
-print	기본 값 터미널에 검색한 파일의 경로와 이름을 표시
-ls	터미널에 검색한 파일의 경로와 이름뿐만 아니라 자세한 정보 표시(inode, 파일 크기, 권한, 링크 수, 소유자, 그룹, 시간)
-exec command {} \;	검색한 파일에 특정 명령 수행
-ok command {} \;	-exec 결과와 비슷하나, 특정 명령을 대화형으로 진행

다음은 find 명령어에 이름을 찾는 조건을 사용한 예제입니다.

```
# find / -name hosts
/etc/hosts
/etc/inet/hosts
/etc/net/ticots/hosts
/etc/net/ticlts/hosts
/etc/net/ticotsord/hosts
/usr/lib/ocm/ccr/hosts
```

/ 루트 디렉토리를 시작으로 파일이름이 hosts인 파일을 검색한 결과입니다.

```
# find / -name hosts -type f
/etc/inet/hosts
/etc/net/ticots/hosts
/etc/net/ticlts/hosts
/etc/net/ticotsord/hosts
```

-type 옵션을 사용하여 파일(f)만 검색한 결과입니다.

```
# find / -name hosts -type d
/usr/lib/ocm/ccr/hosts
```

-type 옵션을 사용하여 디렉토리(d)만 검색한 결과입니다.

다음은 core 파일을 검색해 삭제하는 예제입니다.

```
# find / -name core -type f -exec rm {} \;
```

-exec 옵션은 core 파일을 찾아서 모두 삭제 합니다.

```
# find / -name core -type f -ok rm {} \;
```

-ok 옵션은 대화형 모드로 진행하게 됩니다.

다음은 홈 디렉토리에서 최근 이틀 동안 수정 시간이 바뀐적인 있는 파일을 찾는 예제입니다.

```
# find ~ -mtime -2
/root
/root/fileA
/root/dirC
/root/numbers
/root/fileB
/root/dirB
/root/dirB/file1
/root/dirB/file2
/root/dirB/file3
/root/.bash_history
/root/.lesshst
/root/fileD
/root/.ssh
/root/dirA
/root/dirA/fileX
/root/dirA/fileZ
/root/dirA/fileY
/root/fileC
```

다음은 /usr/bin 디렉토리에서 파일의 크기가 3000000 Byte 이상인 파일을 찾는 예제입니다.

```
# find /usr/bin -size +3000000c -ls
54792 3717 -r-xr-xr-x  1 root     bin     3762268 Sep 19  2012 /usr/bin/hpijs
55248 3077 -r-xr-xr-x  1 root     bin     3132868 Sep 19  2012 /usr/bin/xorriso
```

CHAPTER 6

vi 편집기 사용

CHAPTER 6
vi 편집기 사용

─ 학습목표
유닉스/리눅스의 vi 편집기의 기초를 이해합니다.
유닉스/리눅스의 vi 편집기를 사용하여 파일을 수정합니다.

─ 학습내용
이번 장에서는 유닉스/리눅스 시스템 환경 상에서 vi 편집기 사용에 대해서 알아보도록 합니다. vi 편집기는 파일의 내용을 작성하거나, 수정할 때 사용합니다. 유닉스/리눅스에서 설정에 관련된 부분은 모두 파일로 구성되어 있기 때문에 반드시 숙달이 필요합니다. 또한 최근 vi 편집기의 기능이 향상된 버전인 vim에 대해서도 간단하게 살펴보겠습니다.

여기에서는 다음과 같은 순서로 상세한 내용에 대하여 다루어보도록 하겠습니다.
6.1 vi 편집기 기초
6.2 vi 편집기를 이용한 파일 작성 및 수정
6.3 vim 편집기

6.1 vi 편집기 기초

vi 편집기는 명령어 기반의 텍스트 편집기이며 세 가지 모드로 구성되어 있습니다.

- Command 모드
- Edit 모드
- Last Line 모드

그림 6-1 vi 편집기 모드

1 Command 모드

Command 모드는 vi 편집기의 기본 모드입니다. Command 모드에서는 명령어를 입력하여 텍스트의 삭제, 수정, 복사, 이동을 수행할 수 있습니다. 또한 특정 문구를 검색할 수 있으며, vi 편집기를 종료할 수 있습니다.

2 Edit 모드

Edit 모드에서는 파일에 내용을 입력할 수 있습니다.

Edit 모드로 들어가기 위해서는 다음의 명령어를 입력해야 합니다.

- i - 텍스트 앞에 커서를 위치시키고 입력을 받습니다.
- o - 새로운 줄을 생성하여 커서를 위치시키고 입력을 받습니다.
- a - 텍스트 뒤에 커서를 위치시키고 입력을 받습니다.

3 Last Line 모드

Last Line 모드에서는 더 추가된 수정 명령어를 사용할 수 있습니다. Last Line 모드에 접근하기 위해서는 Command 모드에서 콜론(:) 기호를 입력해야 합니다. 입력하면 화면의 가장 하단에 콜론(:)이 출력됩니다.

4 vi 편집기 모드 변경

vi 편집기의 기본 모드는 Command 모드입니다. Command 모드에서 i, o, a 명령어를 입력하면 Edit 모드로 변경됩니다. 파일 작성이나 수정 작업이 끝난 뒤, [ESC]키를 누르면 vi 에디터는 Command 모드로 변경됩니다. Command 모드에서는 파일 저장이나, 종료를 할 수 있습니다.

5 vi 명령어 소개

vi 명령어는 파일의 생성, 수정, 내용 확인을 수행할 수 있는 vi 편집기를 실행시키는 명령어입니다.

다음은 vi 편집기의 사용 방법입니다.

```
vi
vi filename
vi option(s) filename
```

만일 파일 수정 중에 시스템 충돌이 발생하여 문제가 발생하였다면, -r 옵션을 사용하여 시스템이 충돌하기 이전의 파일 상태로 복구할 수 있습니다.

6.2 vi 편집기를 이용한 파일 작성 및 수정

vi 편집기를 이용하여 read-only 모드로 파일의 내용을 확인하거나, vi 편집 명령어를 사용하여 vi 편집기로 파일을 수정할 수 있습니다. vi 편집기를 이용할 때 커서의 이동은 키보드로만 수행할 수 있습니다.

1 read-only 모드로 파일의 내용 확인

view 명령어를 사용하여 read-only 모드로 파일을 확인할 수 있습니다. vi 편집기의 명령어들을 사용할 수는 있지만 파일 수정 후 저장할 수는 없습니다.

다음은 view 명령어의 사용 방법입니다.

```
view filename
```

다음은 view 명령어를 사용하여 read-only 모드로 파일을 확인하는 예제입니다.

```
ostoneo@solaris:~$ view apple

hello

Oracle Open World

Have a nice day!
~
~
"apple" [readonly] 5L, 45C
```

종료시에는 :q를 입력하여 vi 편집기를 종료할 수 있습니다.

2 vi 편집기의 입력

vi 편집기에서 텍스트를 입력하기 위해서는 입력 명령어를 사용해야 합니다. 입력 명령어를 사용하면 Command 모드에서 Edit 모드로 변경되며, Command 모드로 되돌리기 위해서는 ESC 키를 사용합니다.

[표 6-1]은 vi 편집기의 입력 명령어입니다.

● 표 6-1 vi 편집기의 입력 명령어

명령어	설명
a	텍스트 뒤에 커서를 위치시키고 입력을 받습니다.
A	텍스트가 위치한 줄의 가장 뒷부분에 커서를 위치시키고 입력을 받습니다.
i	텍스트가 앞에 커서를 위치시키고 입력을 받습니다.
I	텍스트가 위치한 줄의 가장 앞부분에 커서를 위치시키고 입력을 받습니다.
o	커서가 위치한 줄의 아래에 새로운 줄을 추가하여 커서를 위치시키고 입력을 받습니다.
O	커서가 위치한 줄의 위에 새로운 줄을 추가하여 커서를 위치시키고 입력을 받습니다.
:r filename	커서가 위치한 줄의 아래에 지정한 파일의 내용을 추가하여 입력합니다.

3 vi 편집기의 커서 이동

vi 편집기에서 커서의 이동은 키보드로만 가능합니다.

[표 6-2]는 vi 편집기에서 커서 이동을 위한 키 조합 명령어입니다.

○ **표 6-2** vi 편집기의 키 조합

키 조합	커서 이동 설명
h, 왼쪽 화살표, 백스페이스 키	왼쪽으로 한 칸 이동
j, 아래쪽 화살표	한 줄 아래로 이동
k, 위쪽 화살표	한 줄 위로 이동
l, 오른쪽 화살표, 스페이스 키	오른쪽으로 한 칸 이동
w	한 단어 앞으로 이동
b	한 단어 뒤로 이동
e	현재 단어의 끝으로 이동
$	한 줄 끝으로 이동
0(숫자)	한 줄의 시작으로 이동
Return(Enter)	한 줄 아래로 이동
G	파일의 제일 마지막 줄로 이동
1G	파일의 제일 첫 번째 줄로 이동
:n	n번째 줄로 이동
nG	n번째 줄로 이동
Ctrl-F	화면 사이즈만큼 다음 화면으로 이동
Ctrl-D	화면 사이즈의 절반만큼 다음 화면으로 이동
Ctrl-B	화면 사이즈만큼 이전 화면으로 이동
Ctrl-U	화면 사이즈의 절반만큼 이전 화면으로 이동
Ctrl-L	화면 재 갱신

4 vi 편집 명령어를 사용한 파일 수정

vi 편집기는 파일 수정을 위한 수많은 명령어들을 제공합니다.

vi 편집기를 이용한 기본 작업은 아래와 같습니다.

① 삭제
② 수정
③ 검색 및 변환
④ 복사 및 붙여넣기
⑤ 파일 저장 및 종료

vi 편집기는 대소문자를 구분합니다.

1] 삭제

[표 6-3]은 vi 편집기를 이용한 텍스트의 삭제 명령어입니다.

표 6-3 vi 편집기의 텍스트 삭제 명령어

명령어	기능
R	ESC 키를 입력할 때 까지 커서가 위치한 부분의 오른쪽부터 텍스트를 대체하여 입력합니다. 기존에 있던 내용은 삭제됩니다.
C	텍스트를 입력 후 ESC키를 입력할 때 까지 커서가 위치한 부분으로부터 줄의 끝 부분까지 삭제 되고 입력한 텍스트로 대체됩니다.
s	커서가 위치한 부분의 글자를 삭제한 후 입력합니다.
x	커서가 위치한 부분의 글자를 삭제합니다.
dw	커서가 위치한 부분부터 한 단어를 삭제합니다.
dd	커서가 위치한 줄을 삭제합니다.
D	커서가 위치한 부분부터 해당 줄의 끝부분까지 삭제합니다.
:n,nd	n번째 줄부터 n번째 줄까지 삭제합니다.

2] 수정

[표 6-4]는 vi 편집기에서의 텍스트 수정, 이전상태로 변경, 명령어 재실행에 대한 명령어 입니다.

● **표 6-4** vi 편집기의 텍스트 수정 명령어

명령어	기능
cw	커서가 위치한 부분의 단어 끝까지 변경하여 덮어쓰기 합니다.
r	커서가 위치한 부분의 글자 하나를 대체합니다.
J	커서가 위치한 부분의 아랫줄의 내용을 커서가 위치한 줄로 이동시킵니다.
xp	커서가 위치한 부분의 글자와 오른쪽의 글자의 위치를 변경합니다.
~	커서가 위치한 부분의 글자의 대소문자를 변경합니다.
u	명령어 실행 전으로 되돌립니다.
U	커서가 위치한 줄의 모든 변경사항을 변경이전으로 되돌립니다.
	바로 전에 입력한 명령어를 재실행합니다.

3] 검색 및 변환

[표 6-5]는 vi 편집기에서의 검색 및 변환 명령어입니다.

● **표 6-5** vi 편집기의 검색 및 변환 명령어

명령어	기능
/string	현재 화면에서 다음 화면 순으로 단어를 검색합니다.
?string	현재 화면에서 이전 화면 순으로 단어를 검색합니다.
n	단어를 검색한 상태에서 다음 검색 결과를 확인합니다.
N	단어를 검색한 상태에서 이전 검색 결과를 확인합니다.
:%s/old/new/g	old 부분에 입력된 단어를 new 부분에 입력된 단어로 변환합니다.

4] 복사 및 붙여넣기

yy 명령어를 이용하여 커서가 위치한 줄의 텍스트를 임시 버퍼 공간에 복사하여 저장해 놓을 수 있습니다. p 나 P 명령어를 이용하면 임시 버퍼 공간에 저장된 텍스트를 지정한 위치에 붙여 넣을 수 있습니다. co 명령어나 m 명령어는 특정 라인부터 특정 라인까지 지정하여 원하는 위치에 복사해 넣거나 이동시킬 수 있습니다.

[표 6-6]은 vi 편집기에서의 복사 및 붙여넣기 명령어입니다.

● **표 6-6** vi 편집기의 복사 및 붙여넣기 명령어

명령어	기능
yy	한 줄을 복사하여 임시 버퍼 공간에 저장합니다.
p	임시 버퍼 공간에 저장된 텍스트를 커서의 아랫줄에 붙여 넣습니다.
P	임시 버퍼 공간에 저장된 텍스트를 커서의 윗줄에 붙여 넣습니다.
:n,n co n	n번째 줄부터 n번째 줄까지 복사하여 n번째 줄의 아래에 붙여 넣습니다.
:n,n m n	n번째 줄부터 n번째 줄까지 잘라내어 n번째 줄의 아래에 붙여 넣습니다.

5] 파일 저장 및 종료

[표 6-7]은 vi 편집기에서의 파일 저장 및 종료 명령어입니다.

● **표 6-7** vi 편집기의 파일 저장 및 종료 명령어

명령어	기능
:w	수정한 파일을 디스크에 저장합니다.
:w new_filename	수정한 파일을 다른 이름으로 디스크에 저장합니다.
:wq	수정한 파일을 디스크에 저장한 후 종료합니다.
:x	수정한 파일을 디스크에 저장한 후 종료합니다.
ZZ	수정한 파일을 디스크에 저장한 후 종료합니다.
:q!	수정한 파일을 디스크에 저장하지 않고 종료합니다.

5 vi 편집기 상태 변경

set 명령어를 이용하여 vi 편집기의 환경 변수를 변경할 수 있습니다.

다음은 vi 편집기의 환경 변수를 변경하기 위한 set 명령어의 사용입니다.

● 표 6-8 vi 편집기의 환경 변수

명령어	기능
:set nu	화면에 줄 번호를 출력합니다.
:set nonu	화면에 줄 번호를 숨깁니다.
:set ic	검색시 대소문자를 구분하지 않습니다.
:set noic	검색시 대소문자를 구분합니다.
:set list	숨겨진 기호들(^I : tab, $: 줄의 끝)을 표시합니다.
:set nolist	숨겨진 기호들을 표시하지 않습니다.
:set showmode	vi 편집기의 현재 모드를 표시합니다.
:set noshowmode	vi 편집기의 현재 모드를 표시하지 않습니다.
:set	vi 편집기의 모든 환경변수를 출력합니다.
:set all	vi 편집기의 모든 환경변수를 활성화합니다.

vi 편집기의 환경 변수를 자동으로 활성화 시킬 수 있습니다.

다음은 환경 변수 자동 활성화 순서입니다.

① .exrc 파일을 사용자의 홈 디렉토리에 생성합니다.
② .exrc 파일에 set 환경 변수를 입력합니다.
③ set 변수는 콜론(:) 없이 입력합니다.
④ 한 줄에 하나의 명령어만 입력합니다.

vi 편집기는 동작 시 사용자가 어디에 위치하고 있던지 사용자의 홈 디렉토리에 위치한 .exrc 파일을 읽어 들입니다.

6.3 vim 편집기

vim 편집기는 Bram Moolenaar가 만든 vi 호환 편집기입니다. vim은 vi improved의 앞 글자를 따서 vim이라고 합니다. vi 편집기의 거의 모든 기능이 호환이 되고, vim 편집기 만의 독자적인 기능이 추가되어 사용자의 편의성을 향상시켰습니다. vim 편집기의 유용한 몇 가지 기능에 대해 살펴보겠습니다.

1 비주얼 모드 범위지정

범위지정은 vi 편집기에서도 사용할 수 있는 기능 이지만, vi 편집기 에서는 행 번호로 범위를 지정해야 하며, 이러한 방법은 불편합니다. vim 편집기에서는 비주얼(Visual) 모드를 지원하며 이 비주얼 모드로 커서를 조작하여 시각적으로 특정 범위를 지정하여, 복사, 이동, 삭제 등을 할 수 있습니다.

비주얼 모드 기능은 비주얼 모드, 라인 비주얼 모드, 블록 비주얼 모드로 총 3가지가 있습니다. [표 6-9]는 비주얼 모드 기능과 명령어에 대한 설명입니다.

● **표 6-9** 비주얼 모드 기능

명령어	모드	기능
v	비주얼 모드	현재 커서 위치에서 방향키로 범위 지정
V	라인 비주얼 모드	현재 커서 위치에서 방향키로 라인 지정
Ctrl-V	블록 비주얼 모드	현재 커서 위치에서 방향키로 블록 지정

비주얼 모드에서 범위를 지정한 다음, 복사나 이동, 삭제 등은 기존의 vi 편집기 명령어를 사용하면 됩니다.

2 다중 파일 및 창

vi 편집기 또는 vim 편집기는 기본적으로 하나의 파일을 열수 있습니다. 그러나 창 분할 또는 탭 기능을 사용하면 여러 파일을 동시에 하나의 터미널에서 편집할 수 있습니다.

1] 다중 파일 열기

vim 실행 중에 다른 파일을 추가적으로 열수 있고, 또한 vim 실행 시 다중 파일을 열 수 있습니다.

① vim 실행 중 다른 파일 열기

vim 실행 중에 다른 파일을 읽기/쓰기가 가능한 편집모드로 열기 위해서는 edit 명령어를 사용하고, 읽기 전용 모드로 열기 위해서는 view 명령어를 사용합니다.

● **표 6-10** vim 실행 중 다른 파일 열기

명령어	기능
:e[dit] filename	읽기/쓰기 모드로 파일 열기
:v[iew] filename	읽기 전용 모드로 파일 열기

이전 파일로 돌아가고 싶으면 q 또는 wq 명령어로 해당 파일을 닫아야 합니다.

② vim 실행 시 다중 파일 열기

vim 실행 시에 아규먼트에 여러 파일을 지정하여 동시에 파일을 열 수 있습니다. 다음은 vim 실행 시 다중 파일을 여는 명령어 사용법입니다.

```
vim filename filename
```

파일 간에 이동은 n 명령어로 오른쪽 파일로 이동, N 명령어로 왼쪽 파일로 이동할 수 있습니다.

● **표 6-11** vim 실행 시 다중 파일 이동

명령어	기능
:n	오른쪽 파일로 이동
:N	왼쪽 파일로 이동

2] 창 분할

창 분할 기능은 한 화면에 여러 파일을 열어놓고 편집하기 위한 기능입니다. 창 분할은 수평 창 분할, 수직 창 분할, 탭 분할 총 3가지 방법이 있습니다. 또한 수직 분할 창에 수평 분할 창을 추가로 설정해서 수평과 수직을 동시에 하는 복합 창 분할을 할 수 있습니다. [표 6-12]는 창 분할에 대한 명령어 사용법입니다.

● **표 6-12** 창 분할 명령어

명령어	기능
:sp[lit] filename	수평으로 창을 분할하여 파일 열기
:vs[plit] filename	수직으로 창을 분할하여 파일 열기
Ctrl-W 방향키	분할된 창 이동
:tabe[dit] filename	탭으로 파일 열기
:tabc[lose]	해당 탭 닫기(닫기 전에 필요하면 저장이 필요합니다.)
:tabn[ext]	오른쪽 탭으로 이동
:tabp[revious]	왼쪽 탭으로 이동
:tabnew	빈 탭 열기
:e[dit] filename	빈 탭에서 파일 열기

3 단어 자동완성

단어 자동완성 기능은 해당 파일에 존재하는 텍스트 중에서, 동일한 텍스트를 입력하고자 할 때 Ctrl-N 키를 사용하면 자동 완성해 주는 기능입니다. 만약 현재까지 입력한 텍스트가 파일에 여러 패턴이 매칭 된다면, 선택 창이 나오고, Ctrl-N 키를 눌러서 선택할 수 있습니다.

그림 6-2 vi 편집기 모드

구분	명령어	설명
텍스트 입력	a	커서 위에 입력
	A	커서 줄의 마지막에 입력
	i	커서 앞에 입력
	3i	입력한 텍스트를 3번 연속 입력
	o	커서의 아랫줄에 입력
	O	커서의 윗줄에 입력
	:r filename	커서의 아랫줄에 파일의 내용 입력
커서 이동	h, ←, backspace	왼쪽으로 한 칸 이동
	j, ↓	한 줄 아래로 이동
	k, ↑	한 줄 위로 이동
	l, →, spacebar	오른쪽으로 한 칸 이동
	w	한 단어 앞으로 이동
	b	한 단어 뒤로 이동
	e	현재 단어의 끝으로 이동
	$	현재 줄의 끝으로 이동
	0	현재 줄의 시작으로 이동
	Return	한 줄 아래로 이동
	G	파일의 제일 마지막 줄로 이동
	1G	파일의 제일 첫줄로 이동
	:n	n번째 줄로 이동
	nG	n번째 줄로 이동
	Control-F	다음 화면으로 이동
	Control-D	화면의 절반만큼 다음 화면으로 이동
	Control-B	이전 화면으로 이동
	Control-U	화면의 절반만큼 이전 화면으로 이동
	Control-L	화면 재 구성
텍스트 삭제	R	커서 우측부터 텍스트 대체 입력
	C	커서 우측부터 줄 끝까지 삭제 후 입력
	s	커서 위치 글자 삭제 후 입력
	x	커서 위치 글자 삭제
	dw	커서 위치 단어 삭제
	dd	커서 위치 줄 삭제
	D	커서 우측부터 줄 끝까지 삭제
	:n, nd	n번째 줄부터 n번째 줄까지 삭제
텍스트 수정	cw	커서 위치 단어 변경
	r	커서 위치 글자 변경
	J	커서 위치 아랫줄의 내용을 커서 줄로 이동
	xp	커서 위치 글자와 우측 글자 변경
	~	영문의 대소문자 변경
	u	수정한 것을 이전으로 되돌림
	U	커서 줄의 변경 내용 되돌림
	.	바로 전 명령어 재실행
검색 및 변환	/string	문서 순서대로 단어 검색
	?string	문서의 역순으로 단어 검색
	n	단어를 검색한 상태에서 다음 검색 결과 확인
	N	단어를 검색한 상태에서 이전 검색 결과 확인
	:%s/old/new/g	old 부분에 있었던 단어를 new 부분에 입력된 단어로 변경
상태 정보 설정	:set nu	화면에 줄 번호 출력
	:set nonu	화면에 줄 번호 숨김
	:set ic	검색시 대소문자 구분하지 않음
	:set noic	검색시 대소문자 구분
	:set list	숨겨진 기호들을 표시
	:set nolist	숨겨진 기호들 표시 않음
	:set showmode	vi 편집기의 현재 모드 표시
	:set no showmode	vi 편집기의 현재 모드 표시하지 않음
	:set	vi 편집기의 모든 환경 변수 리스트를 출력
	:set all	vi 편집기의 모든 환경 변수 활성화
파일 저장 및 종료	:w	수정한 파일을 디스크에 저장
	:w new_filename	다른 이름으로 디스크에 저장
	:wq	수정한 파일 디스크에 저장 후 종료
	x	수정한 파일 디스크에 저장 후 종료
	ZZ	수정한 파일 디스크에 저장 후 종료
	:q!	수정한 파일을 디스크에 저장하지 않고 종료
복사 및 붙여넣기	:n,n co n	n번째 줄부터 n번째 줄까지 복사하여 버퍼 공간에 저장
	:n,n m n	n번째 줄부터 n번째 줄까지 잘라내어 버퍼 공간에 저장
	yy	한 줄 복사하여 버퍼 공간에 저장
	p	버퍼 공간에 저장된 텍스트 커서 아랫줄에 붙여넣기

CHAPTER 7

퍼미션 이해 및 사용

CHAPTER 7
퍼미션 이해 및 사용

— 학습목표

파일과 디렉토리 퍼미션을 확인하는 방법을 학습합니다.
퍼미션을 변경하는 방법을 학습합니다.

— 학습내용

이번 장에서는 유닉스/리눅스의 파일과 디렉토리 퍼미션을 확인하는 방법에 대하여 학습 하겠습니다. 또한 퍼미션을 변경하고 기본 퍼미션을 구성하는 방법에 대해서도 학습 하겠습니다.

여기에서는 다음과 같은 순서로 상세한 내용에 대해 다루어 보도록 하겠습니다.

7.1 파일 및 디렉토리 퍼미션 확인
7.2 파일과 디렉토리 접근 권한
7.3 퍼미션의 변경
7.4 기본 퍼미션의 사용

7.1 파일 및 디렉토리 퍼미션 확인

1 퍼미션의 필요성

유닉스/리눅스의 모든 파일과 디렉토리는 퍼미션들의 집합으로 구성되어 있으며, 이 퍼미션들은 시스템 상에 존재하는 파일들에 대한 읽기, 쓰기, 실행에 대한 접근여부를 결정해 줍니다.

일반적으로 퍼미션은 ls -l 또는 ls -n 과 같은 명령으로 확인 할 수 있습니다.

이러한 퍼미션은 다중 사용자 환경을 제공하는 유닉스/리눅스 환경에서는 가장 기초적인 보안 방법이라고 할 수 있습니다.

물론, 사용자는 이러한 파일들이 가진 퍼미션을 변경하여 사용할 수 있습니다.

2 퍼미션의 카테고리

ls -l 명령을 수행한 결과는 아래와 같습니다.

```
-rw-r--r--   1 root      sys          1931 Sep 20  2012 dacf.conf
```

이 결과에서 첫 번째 필드에 해당 하는 부분은 보면 아래와 같습니다.

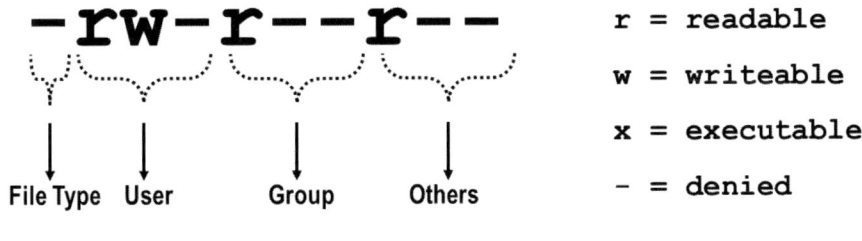

그림 7-1 파일의 퍼미션

첫 번째 부분은 파일의 속성을 뜻하는데 그 의미는 아래와 같습니다.

● **표 7-1** 파일의 속성

속성	설명
-	regular file 일반파일로 바이너리 파일이거나 아스키 텍스트 파일입니다.
d	directory file 디렉토리 파일을 의미 합니다.
b	block device file 블록 장치 파일을 의미 합니다.
c	character device file 캐릭터 장치 파일을 의미 합니다. (= 원시 장치 파일)
D	Door file 도어 파일을 의미 합니다.
s	socket file 소켓 파일을 의미 합니다.
l	symbolic link file 심볼릭 링크 파일을 의미 합니다. (= 소프트 링크)
p	pipe file 파이프 파일을 의미 합니다.

첫 번째 필드를 제외한 나머지 9개의 문자가 소유자, 그룹, 기타 사용자를 뜻하는데 각각 3개씩 구분지어 사용됩니다.

각 사용자에 대한 정보는 아래와 같습니다.

● **표 7-2** 사용자 구분

항목	설명
소유자(User)	파일과 디렉토리의 소유자. 파일이나 디렉토리를 생성한 사용자가 일반적으로 소유자가 되나, 명령을 통해 변경이 가능
그룹(Group)	사용자가 속한 논리 그룹으로 파일이나 디렉토리를 생성한 사용자의 기본그룹으로 지정되나, 명령을 통해 변경이 가능
기타(Others)	소유자나 그룹에 속하지 않은 사용자

7.2 파일과 디렉토리 접근 권한

1 파일과 디렉토리 접근 권한

파일에서 보여지는 문자 r은 read(읽기), w는 write(쓰기), x는 execute(실행)을 뜻하고 -는 퍼미션이 없다는 뜻입니다.

○ **표 7-3** 파일과 디렉토리의 퍼미션

퍼미션	문자	파일	디렉토리
읽기	r	파일의 내용을 확인하거나 복사 할 수 있습니다.	ls 명령을 이용하여 디렉토리 내용을 확인 할 수 있습니다.
쓰기	w	파일의 내용을 수정할 수 있습니다.	실행 권한이 있는 경우 디렉토리 내에 파일을 추가하거나 삭제할 수 있습니다.
실행	x	실행파일의 경우 실행할 수 있습니다. 쉘 스크립트 파일의 경우 읽기와 실행 퍼미션을 가지고 있다면 실행 할 수 있습니다.	cd 명령을 이용하여 디렉토리에 접근 할 수 있습니다. 읽기 권한이 있다면 ls -l 명령으로 디렉토리 내용을 확인 할 수 있습니다.

> 일반적으로 디렉토리의 일반적인 사용을 위한 퍼미션은 읽기와 실행 퍼미션이 있어야 합니다.

○ **표 7-4** 퍼미션 권한 집합

퍼미션	설명
-rwx------	이 파일은 소유자에게는 읽기,쓰기,실행할 수 있는 권한이 부여되어 있지만 그룹과 기타 사용자에게는 권한이 없습니다.
dr-xr-x---	이 파일은 디렉토리 파일로써 소유자와 그룹은 해당 디렉토리에 읽기/실행이 가능하나 , 기타 사용자는 해당 디렉토리에 접근 할 수 없습니다.
-rw-r-----	이 파일은 소유자는 읽기/쓰기가 가능하고 그룹은 읽기만 가능하며 기타 사용자는 권한이 없습니다.

일반적인 유닉스환경에서는 디렉토리와 파일을 만들 때 자동적으로 초기 퍼미션을 적용합니다.

일반 파일의 경우는 -rw-r--r-- 권한이 설정됩니다. (솔라리스 11.1 기준)

디렉토리 파일의 경우는 초기 퍼미션 drwx------로 설정 됩니다. (솔라리스 11.1 기준)

이는 유닉스 시스템에 따라 약간씩 상이 할 수 있으며, 언제든지 변경이 가능합니다.

2 파일과 디렉토리 접근 권한의 결정

1] ls -n 명령의 사용

유닉스/리눅스에서 파일 및 디렉토리의 소유자 정보를 확인하기 위해서는 UID(User Indenfitication Number)와 GID(Group Identification Number)를 이용합니다.

UID는 파일과 디렉토리의 사용자 정보이며, GID는 파일과 디렉토리의 사용자그룹 정보입니다.

파일이나 디렉토리는 반드시 하나 이상의 그룹에 속합니다.

아래의 명령을 수행해 봅니다.

```
root@solaris:~# ls -l /etc/passwd
-rw-r--r--   1 root     sys         1311 Jan  6 06:48 /etc/passwd
root@solaris:~# ls -n /etc/passwd
-rw-r--r--   1 0        3           1311 Jan  6 06:48 /etc/passwd
```

ls -l을 수행한 결과를 확인해 보면 root 사용자와 sys 그룹에 포함되어 있음을 확인할 수 있는데, ls -n을 수행하면 이 부분이 숫자로 표현되어 있음을 알 수 있습니다.
이 결과에서 0은 root 사용자의 UID를, 3은 sys 사용자그룹의 GID를 뜻하는 것입니다.

2] 퍼미션의 결정

유닉스/리눅스에서는 UID와 GID를 비교하여 퍼미션이 결정이 됩니다.

```
ostoneo@solaris:~$ id
uid=100(ostoneo) gid=10(staff)
```

id 명령을 통해 현재 사용자의 UID 가 100번 임을 확인했고 해당 GID가 10번 임을 확인 했습니다.

이제 ls -n 명령어를 통해 파일의 퍼미션을 확인해 보았습니다.

message라는 파일의 권한은 소유자에게는 읽기, 쓰기 권한이 부여되어 있으며 사용자그룹에게는 읽기권한이 부여 되어 있습니다. 기타 사용자는 권한이 없습니다.

해당 파일의 소유자는 UID 100번 사용자 이며, 사용자그룹이 GID 10번임을 확인할 수 있습니다. (여기서 GID 10 은 staff 그룹 입니다.)

파일에 대한 퍼미션은 [그림 7-2]의 과정을 통해 퍼미션을 결정하게 됩니다.

현재 UID가 100인 사용자가 message 파일에 접근하면 rw(읽기, 쓰기) 권한을 받게 됩니다.

만약 UID가 100이 아닌 사용자가 message 파일에 접근하면 GID를 확인하여 판별하게 되고, GID가 10번이라면 r(읽기) 권한을 수행할 수 있습니다.

그러나, UID도 GID도 불일치 하는 사용자라면 기타 사용자 권한이며, 여기서는 권한이 없어 접근할 수 없게 됩니다.

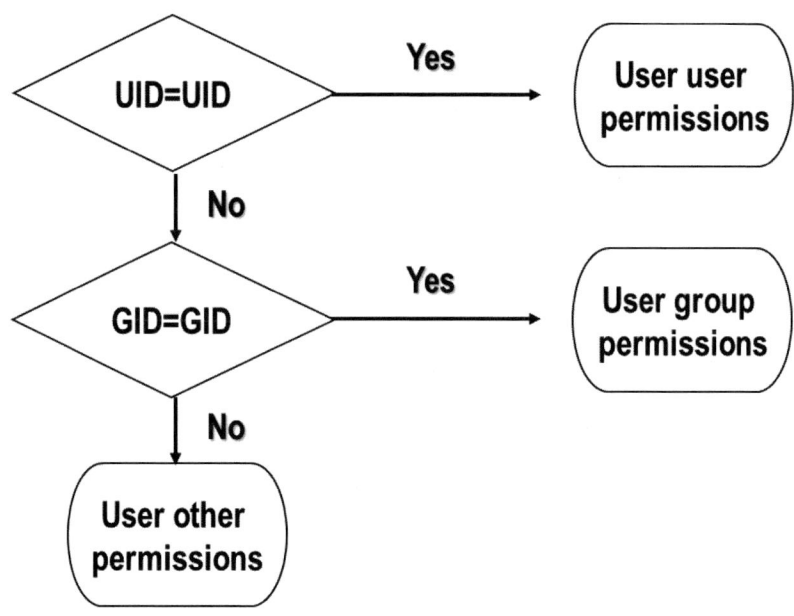

그림 7-2 퍼미션 결정 과정

7.3 퍼미션의 변경

파일과 디렉토리에서 할당된 퍼미션은 변경이 가능합니다.

chmod 명령어를 통해 퍼미션 변경을 수행할 수 있으며, 파일의 소유자가 변경하거나 root 사용자 권한으로 변경이 가능합니다.

■1 퍼미션 모드의 이해

퍼미션 모드는 심볼릭 모드(Symbolic mode)와 8진수 모드(Octal mode)로 나눠집니다.

- 심볼릭 모드(Symbolic Mode): 문자와 기호 조합을 통해 사용자별 권한을 추가, 제거 할 수 있는 방식
- 8진수 모드(Octal Mode): 8진 숫자를 이용하여 권한을 추가, 제거 할 수 있는 방식

1] 심볼릭 모드의 변경

심볼릭 모드는 3가지 부분으로 구성되어 있으며 아래와 같은 방법으로 구성할 수 있습니다.

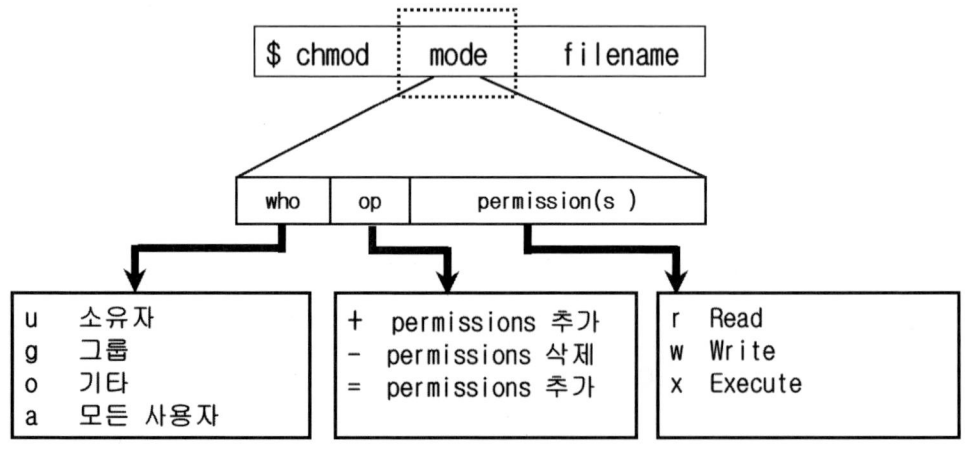

그림 7-3 심볼릭 모드 명령 형식

현재 존재하는 파일 message의 권한을 아래와 같이 변경해 보았습니다.

먼저 현재의 권한을 확인하기 위해서 ls -l 명령어로 권한을 확인했으며, chmod 명령어를 이용하여 기타 사용자(others)의 권한에서 읽기 권한을 제거 하도록 했습니다.

그 뒤에 변경 여부를 확인해 보기 위해 다시 ls -l 명령어로 권한을 확인해 보았습니다.

```
ostoneo@solaris:~$ ls -l message
-rw-r--r--   1 ostoneo    staff         12 Jan  6 22:31 message
ostoneo@solaris:~$ chmod o-r message
ostoneo@solaris:~$ ls -l message
-rw-r-----   1 ostoneo    staff         12 Jan  6 22:31 message
```

이번에는 사용자 그룹의 읽기 권한을 제거한뒤에 사용자에게는 실행권한을, 사용자 그룹과 기타 사용자(other)에게 읽기 권한을 추가 하도록 변경하였으며, ls -l 명령어를 통해 확인해 보았습니다.

```
ostoneo@solaris:~$ chmod g-r message
ostoneo@solaris:~$ ls -l message
-rw-------   1 ostoneo    staff         12 Jan  6 22:31 message
ostoneo@solaris:~$ chmod u+x,go+r message
ostoneo@solaris:~$ ls -l
total 2
-rwxr--r--   1 ostoneo    staff         12 Jan  6 22:31 message
```

다음 예제는 모든 사용자에게 일괄적으로 권한을 부여 하는 방식(절대방식)으로 =을 이용하여 권한을 부여 합니다.

이 경우 모든 사용자들에게 동일한 읽기 권한이 부여 됩니다.

```
ostoneo@solaris:~$ chmod a=r message
ostoneo@solaris:~$ ls -l
total 2
-r--r--r--   1 ostoneo    staff         12 Jan  6 22:31 message
```

2] 8진수 모드의 변경

8진수 모드를 이용하여 퍼미션을 변경할 수 있습니다.

8진수 모드는 0부터 7의 숫자를 조합하여 퍼미션을 부여하는 방식입니다.

일반적으로 심볼릭모드 보다 선호되는 방식으로 쉽게 퍼미션을 변경할 수 있습니다.

[표 7-5]는 개별 퍼미션에 대응되는 8진수 값을 나타냅니다.

◉ **표 7-5** 8진수 모드의 퍼미션

8진수(Octal Value)	퍼미션(Permission)
4	Read
2	Write
1	Execute

[표 7-5]의 퍼미션이 집합으로 사용되어 [표 7-6]과 같이 나타낼 수 있습니다.

◉ **표 7-6** 8진수 모드의 권한 집합

8진수(Octal Value)	퍼미션 집합(Permission Sets)
7	rwx
6	rw-
5	r-x
4	r--
3	-wx
2	-w-
1	--x
0	---

[표 7-6]의 퍼미션 집합의 조합을 통해 [표 7-7]과 같이 권한(조합)으로 표현될 수 있습니다.

◉ **표 7-7** 8진수 모드의 권한 조합

8진수(Octal Value)	권한 조합(Permissions)
644	rw-r--r--
640	rw-r-----
600	rw-------
750	rwxr-x---
440	r--r-----

아래의 예제를 살펴보도록 하겠습니다.

먼저 message 파일의 권한을 확인해 보기 위해 ls -l 명령으로 현재의 권한을 확인합니다.

현재의 권한은 모든 사용자에게 읽기 권한이 부여된 상태이며, 8진수 모드를 통해 500 으로 변경하도록 했습니다.

이 명령의 결과로 소유자는 읽기와 실행이 가능하고, 그룹과 기타 사용자는 권한이 없게 됩니다.

```
ostoneo@solaris:~$ ls -l
total 2
-r--r--r--   1 ostoneo   staff        12 Jan   6 22:31 message
ostoneo@solaris:~$ chmod 500 message
ostoneo@solaris:~$ ls -l
total 2
-r-x------   1 ostoneo   staff        12 Jan   6 22:31 message
```

소유자에게는 읽기/쓰기가 가능하고 그룹은 읽기, 기타 사용자는 읽기 권한이 없도록 설정하기 위해서 아래와 같이 수행합니다.

명령의 결과를 확인하기 위해서 ls -l 명령어로 확인합니다.

```
ostoneo@solaris:~$ chmod 644 message
ostoneo@solaris:~$ ls -l
total 2
-rw-r--r--   1 ostoneo   staff        12 Jan   6 22:31 message
```

소유자게만 읽기/쓰기권한을 부여하고 그룹과 기타 사용자에게는 권한이 없도록 설정하기 위해서 아래와 같이 수행합니다.

명령어의 결과를 확인하기 위해서 ls -l 명령어로 확인합니다.

```
ostoneo@solaris:~$ chmod 600 message
ostoneo@solaris:~$ ls -l
total 2
-rw-------   1 ostoneo   staff        12 Jan   6 22:31 message
```

7.4 기본 권한 변경

파일과 디렉토리가 생성될 때는 설정된 기본 권한으로 생성되게 됩니다.

이러한 기본 권한은 umask에 의해 설정되며 추후 변경도 umask 명령어로 가능합니다.

umask는 기본적으로 8진수 모드를 통해 설정하며 일반적인 유닉스 시스템은 022로 설정되어 있습니다.

기본권한의 설정은 XOR 방식의 연산을 통해 구현됩니다.

기본권한이 필요한 이유는 일반 파일을 생성할 때 일반 아스키 텍스트 파일은 최대 666의 권한이 설정되게 되는데, 이러한 경우 이 파일에 기타 사용자들도 수정할 수 있기 때문에 보안을 위해서 불필요한 권한을 제거해야 합니다. 매번 일일이 권한을 제거하는 것이 아니라 기본 권한을 설정해 두면 그 권한이 기본적으로 적용되도록 할 수 있습니다.

솔라리스 11.1의 경우도 022로 설정되어 있으므로 666에 대한 022 마스크를 XOR 하여 644가 할당되게 됩니다.

디렉토리의 경우도 모든 권한을 부여 하게 되면 777로 설정되나 umask 설정에 의해 755가 적용되게 됩니다.

만약 보다 강력한 보안을 위해 기타 사용자들에게 권한을 부여하지 않기를 원한다면 umask 값을 027로 부여 하게 되면 기타 사용자들은 권한이 없도록 설정됩니다.

먼저 현재의 umask 값을 확인하기 위해서 umask 명령어을 수행합니다.

```
ostoneo@solaris:~$ umask
0022
```

현재 기본 설정은 0022 임을 확인 할 수 있습니다.

따라서, 파일을 생성하면 644로 디렉토리의 경우는 755로 생성됩니다.

umask를 변경하고자 하면 아래와 같이 수행합니다.

여기에서는 027로 설정했으므로 기타 사용자의 권한이 없도록 설정했습니다.

```
ostoneo@solaris:~$ umask 027
ostoneo@solaris:~$ umask
0027
```

현재 설정이 0027로 변경되었음을 확인 할 수 있습니다.

따라서, 향후 생성되는 파일은 640으로, 디렉토리는 750으로 생성됩니다.

이를 통해 불필요한 기타 사용자가 권한을 받지 못하도록 기본 설정을 변경할 수 있습니다.

이 설정은 해당 쉘에서만 일시적으로 사용되며 시스템 전역 설정 등은 초기화 파일에서 구성할 수 있습니다.

CHAPTER 8

쉘 명령어 사용

CHAPTER 8
쉘 명령어 사용

— 학습목표

쉘에서 메타문자를 사용할 수 있습니다.
히스토리 기능으로 이전 명령어를 재실행 할 수 있습니다.
사용자 초기화 파일의 역할을 학습합니다.

— 학습내용

이번 장에서는 쉘에서 메타문자를 사용하여 명령어를 실행하는 방법에 대해 학습하며, 이전에 실행한 명령어를 확인하고, 해당 명령어를 재실행할 수 있는 히스토리 기능에 대해 학습합니다. 또한 사용자 초기화 파일을 통해 작업 환경을 수정할 수 있는 파일에 대해 학습합니다.

여기에서는 다음과 같은 순서로 상세한 내용에 대해 다루어 보도록 하겠습니다.
8.1 쉘 메타문자 사용
8.2 명령어 히스토리
8.3 사용자 환경설정

8.1 쉘 메타문자 사용

메타문자는 쉘에서 특별한 의미를 가지는 일반 기호입니다. 앞서 grep, egrep 명령어에서 패턴 지정 시 살펴봤던 메타문자는 쉘에서 명령어를 수행할 때에도 사용이 가능합니다. 메타문자 종류는 경로 이름을 대체 하거나, 파일 및 디렉토리 이름을 대체하거나, 방향을 재지정하는 것 등이 있습니다.

1 경로 이름 메타문자

쉘의 몇몇 메타문자는 경로 이름을 표현하는데 사용됩니다. 이런 메타문자는 디렉토리 위치를 지정하거나 변경할 때 사용할 수 있습니다. 다음은 경로 이름에 사용되는 메타문자입니다.

~	~user	~+	~-	-

1] 틸드(~) 메타문자

틸드(tilde(~)) 문자는 현재 로그인된 사용자의 홈 디렉토리를 의미합니다. 이 문자는 홈 디렉토리의 절대 경로로, 계층적인 디렉토리 어디에서나 홈 디렉토리를 의미합니다. 다음은 틸드(~) 문자를 사용한 디렉토리 변경입니다.

```
# cd dirA
# pwd
/root/dirA
# cd ~
# pwd
/root
```

> **NOTE**
> 틸드(~) 메타문자는 Bourne Shell에서는 사용할 수 없습니다.

2] 틸드(~)와 사용자이름

틸드(~) 문자 뒤에 사용자를 지정하면, 지정한 사용자의 홈 디렉토리를 의미합니다. 다음은 userA 사용자의 홈 디렉토리로 이동하는 예제입니다.

```
# cd ~userA
# pwd
/export/home/userA
# cd ~root
# pwd
/root
```

3] 틸드(~)와 더하기(+) 문자와 틸드(~)와 대시(-) 문자

틸드(~)와 더하기(+) 문자는 현재 작업 디렉토리를 의미하며, 틸드(~)와 대시(-) 문자는 이전 작업 디렉토리를 의미합니다. 다음은 현재 작업 디렉토리와 이전 작업 디렉토리의 내용을 확인하는 예제입니다.

```
# cd
# pwd
/root
# cd dirB
# ls ~+
file1   file2   file3
# ls ~-
dirA    dirB    dirV    dirX    dirY    fileA   fileB   fileC   numbers
```

위 예제에서 ls ~+는 /root/dirB 디렉토리의 내용을 확인한 것이고, ls ~-는 이전에 작업하던 디렉토리인 /root 디렉토리의 내용을 확인한 것입니다.

4] 대시(-) 문자

대시(-) 문자는 틸드(~)와 대시(-) 문자와 같이, 이전 작업 디렉토리를 의미합니다. 다음은 대시 문자를 사용하여 이전 디렉토리로 이동하는 예제입니다.

```
# pwd
/root
# cd /usr/bin
# pwd
/usr/bin
# cd -
/root
# cd -
/usr/bin
```

2 파일 이름 대체 메타문자

쉘의 몇몇 메타문자는 파일 이름을 대체하여 표현하는데 사용됩니다. 이런 메타문자는 파일 이름 또는 디렉토리 이름 일부분을 대체합니다. 다음은 파일 이름 대체 문자로 사용되는 메타문자입니다.

*	?	[]

1] 별표(*) 문자

별표(*) 문자는 아무것도 없거나 하나 이상의 문자를 대체하는 문자로 사용됩니다. 즉 파일 이름의 일부를 대체할 수 있습니다. 그러나 숨겨진 파일에는 해당되지 않습니다. 다음은 별표(*) 문자를 사용하여 ls 명령어를 사용한 예제입니다.

```
# ls fi*
fileA  fileB  fileC
# ls *A
fileA

dirA:
fileX  fileY  fileZ
```

디렉토리인 경우 디렉토리의 하위 내용까지 같이 보여주게 됩니다.

2] 물음표(?) 문자

물음표(?) 문자는 하나의 문자를 대체하는 문자로 사용됩니다. 사용법은 별표(*) 문자와 동일합니다. 다음은 물음표(?) 문자를 사용하여 ls 명령어를 사용한 예제입니다.

```
# ls f???A
fileA
# ls dir?
dirA:
fileX   fileY   fileZ

dirB:
file1   file2   file3
```

3] 대괄호([]) 문자

대괄호([]) 문자는 하나의 문자를 대체하는 문자의 범위를 지정할 수 있습니다. 예를 들어 [abc]는 a 또는 b 또는 c 중에서 하나의 문자와 대치되는 것을 의미합니다. 또는 대시(-)를 문자 사이에 사용하면 범위를 지정할 수 있습니다. 예로 들어 [a-f]는 알파벳 a에서 f 까지 문자의 범위를 의미하며, [0-9]는 숫자 0에서 9까지의 숫자 범위를 의미합니다. 문자는 대소문자를 반드시 구분합니다. 다음은 대괄호([]) 문자를 사용하여 ls 명령어를 사용한 예제입니다.

```
# ls file[AB]
fileA   fileB
# ls dir[AX]
dirA:
fileX   fileY   fileZ

dirX:
# ls dir[A-S]
dirA:
fileX   fileY   fileZ

dirB:
file1   file2   file3
```

3 인용부호 메타문자

쉘에서 인용부호 문자는 메타문자의 의미를 다르게 하거나, 무시하도록 합니다. 다음은 인용부호 메타문자입니다.

' '	" "	` `

인용부호는 메타문자의 특수한 의미를 쉘에서 해석할 때 원래 동작과는 다른 결과를 출력합니다.

우선 echo 명령어에 대해 알아보겠습니다. echo 명령어는 아규먼트로 오는 문자열을 화면으로 출력해주는 명령어입니다. 다음은 echo 명령어의 사용법 예제입니다.

```
# echo USER
USER
# echo $USER
root
```

달러($) 문자는 USER 라는 이름의 변수를 의미하는 메타문자입니다. 즉, USER 변수는 현재 로그인된 사용자의 이름을 가지고 있는 쉘 변수입니다.

1] 홑 따옴표(' ')

홑 따옴표(' ')는 홑 따옴표 안에 있는 모든 메타문자를 일반 문자로 취급 합니다. 다음은 홑 따옴표를 사용한 예제입니다.

```
# echo '$USER'
$USER
```

홑 따옴표에 $USER을 넣게 되는 달러($) 메타문자를 무시하고, 그냥 $USER 이라는 문자 그 자체로 인식하여 화면으로 출력하게 됩니다.

2] 이중 따옴표(" ")

이중 따옴표(" ")는 달러($), 역 따옴표(`), 역슬래쉬(\) 세 개 메타문자를 제외한, 나머지 메타문자는 일반 문자로 취급합니다. 다음은 이중 따옴표를 사용한 예제입니다.

```
# echo "?USER*"
?USER*
# echo "$USER"
root
```

이중 따옴표(" ")에서 여전히 세 개의 메타문자를 특수한 의미를 가지고 있습니다. 이중 따옴표에서 세 개의 메타문자를 일반 문자로 취급할 수도 있습니다. 이런 경우에는 메타문자 앞에 역슬래쉬(\)를 사용하면 됩니다. 다음은 역슬래쉬(\)를 사용한 예제입니다.

```
# echo "\$USER"
$USER
```

역슬래쉬(\)에 의해 달러($) 메타문자는 일반 문자로 취급됩니다.

3] 역 홑 따옴표(` `)

역 홑 따옴표(``)는 특정 명령어의 결과를 출력 하도록 합니다. 다음은 역 홑 따옴표(``))를 사용한 예제입니다.

```
# date
Friday, January 10, 2014 09:39:26 AM UTC
# echo `date`
Friday, January 10, 2014 09:33:30 AM UTC
# echo "The current time is `date`"
The current time is Friday, January 10, 2014 09:37:46 AM UTC
```

다음은 역 홑 따옴표와 같은 기능을 하는 메타문자입니다.

```
# echo "The current time is $(date)"
The current time is Friday, January 10, 2014 09:39:14 AM UTC
```

4 방향재지정 메타문자

방향재지정 메타문자는 입력 장치 또는 출력 장치를 다른 곳으로 재지정할 수 있습니다. 일반적으로 쉘의 입력 장치는 키보드 이며, 출력 장치는 모니터가 됩니다. 이것을 표준 입력, 표준 출력 이라고 합니다. 또한 쉘에는 표준 에러 장치가 있는데, 기본적으로 표준 출력 장치와 같은 모니터가 됩니다. 이것을 표준 에러 라고 합니다. [표 8-1]와 [그림 8-1]은 쉘에서 방향재지정을 할 수 있는 표준 장치에 대한 설명입니다.

● **표 8-1** 쉘 표준 입출력 장치

항목	약어	표준 장치
표준 입력(Standard Input)	stdin	키보드
표준 출력(Standard Ouput)	stdout	모니터
표준 에러(Standard Error)	stderr	모니터

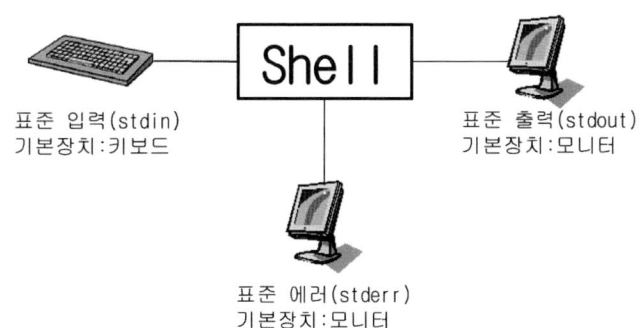

그림 8-1 쉘 표준 입출력 장치

다음은 방향재지정에 사용되는 메타문자입니다.

| > | < | \| |

명령어에 방향재지정 메타문자를 사용하여 명령어의 출력을 모니터가 아닌 파일 또는 다른 명령어로 출력을 재지정할 수 있고, 또는 입력을 키보드가 아닌 파일을 입력으로 재지정할 수도 있습니다. 명령어를 잘못 입력한 경우, 에러 메시지가 발생됩니다. 이런 에러 메시지는 모니터로 출력이 되고, 역시 방향재지정 메타문자를 사용하여 출력을 파일 또는 다른 장치로 재지정할 수 있습니다.

1] 파일 디스크립터

쉘에서 각 프로세스는 파일 디스크립터를 만듭니다. 파일 디스크립터는 명령어의 입력 장치가 무엇인지 또는 출력이나 에러를 어떤 장치로 할 것인지 결정하게 됩니다. [표 8-2]는 입력, 출력, 에러 장치를 구분해 주는 파일 디스크립터 번호에 대한 설명입니다.

● 표 8-2 파일 디스크립터

파일 디스크립터 번호	파일 디스크립터 약어	설명
0	stdin	표준 입력
1	stdout	표준 출력
2	stderr	표준 에러

기본적으로 모든 명령어는 표준 입력으로 내용일 읽어 들인 다음 표준 출력 장치로 보내게 됩니다. 다음은 cat 명령어의 표준 입력과 표준 출력을 보여주는 예제입니다.

```
# cat
Hello
Hello
Oracle Open World
Oracle Open World
It's input/output test
It's input/output test
```

cat 명령어는 키보드로 표준 입력을 받아, 모니터로 표준 출력을 하는 명령어입니다.

Ctrl D 키 조합은, End Of Transmission(EOT) 또는 End Of File(EOF), 전송의 끝 또는 파일의 끝을 의미하는 인터럽트입니다.

2] 표준 입력 재지정

표준 입력 재지정은 < 메타문자를 사용하여 표준 입력을 키보드가 아닌, 파일로 표준 입력을 할 수 있습니다. 다음은 표준 입력 재지정 사용법입니다.

```
command < filename
또는
command 0< filename
```

0<에서 0은 표준 입력(stdin)을 의미합니다.

다음은 cat 명령어를 사용하여, 표준 입력을 키보드가 아닌 /etc/hosts 파일로 재지정하는 예제입니다.

```
# cat < /etc/hosts
#
# Copyright 2009 Sun Microsystems, Inc.  All rights reserved.
# Use is subject to license terms.
#
# Internet host table
#
::1 solaris localhost
127.0.0.1 solaris localhost loghost
```

위 예제는 cat /etc/hosts 명령어의 결과와 같습니다.

3] 표준 출력 재지정

표준 출력 재지정은 > 메타문자를 사용하여 표준 출력을 모니터가 아닌, 파일로 표준 출력을 할 수 있습니다. 다음은 표준 출력 재지정 사용법입니다.

```
command > filename
또는
command 1> filename
```

1>에서 1은 표준 출력(stdout)을 의미합니다.

ps 명령어는 현재 쉘에서 실행되고 있는 프로세스의 목록을 확인할 수 있는 명령어입니다. 다음은 ps 명령어에 표준 출력 재지정 메타문자를 사용하여, 파일로 표준 출력을 재지정하는 예제입니다.

```
# ps > process_list
# cat process_list
  PID TTY         TIME CMD
 1635 pts/1       0:00 ps
 1390 pts/1       0:00 bash
```

표준 출력 재지정 메타문자로 >>를 사용할 수도 있습니다. >> 메타문자 역시 표준 출력을 모니터가 아닌, 파일로 표준 출력을 할 수 있습니다. 그러나 > 메타문자와 차이점은, 출력으로 사용할 파일의 이름이 기존에 존재하는 파일이라면, 파일의 내용 뒤에 출력을 추가합니다. 즉, 〉 메타문자는 기존의 파일이 있다면 덮어쓰지만, 〉〉 메타문자는 원래 파일 내용에 추가가 됩니다. 다음은 〉〉 메타문자를 사용하는 예제입니다.

```
# echo "=====Process List=====" > process_list
# ps >> process_list
# cat process_list
=====Process List=====
  PID TTY         TIME CMD
 1641 pts/1       0:00 ps
 1390 pts/1       0:00 bash
```

4] 표준 에러 재지정

표준 에러 재지정은 〉 메타문자와 파일 디스크립터 2번을 사용합니다. 다음은 표준 에러 재지정 사용법입니다.

```
command 2> /dev/null
```

2〉에서 2는 표준 에러(stderr)를 의미합니다.

/dev/null 파일은 널 장치(Null Device)라고도 부르는 특수 장치 파일입니다. 이 파일은 모든 데이터를 무시하거나 버리기 위해 사용되는 장치 파일로 블랙홀과 유사합니다. 일반적으로 /dev/null 파일은 원하지 않았거나 의도하지 않는 에러를 제거하기 위해 많이 사용됩니다.

다음은 find 명령어로 표준 에러가 발생하는 예제입니다.

```
$ find /etc -type f -exec grep PASSREQ {} \; -print
grep: can't open /etc/dladm/secobj.conf
grep: can't open /etc/ppp/chap-secrets
grep: can't open /etc/ppp/pap-secrets
grep: can't open /etc/iscsi/iscsi_v1.dbc
grep: can't open /etc/svc/profile/site/sc_profile.xml
grep: can't open /etc/svc/repository-manifest_import-20140109_115319
```

```
grep: can't open /etc/svc/repository-boot-20140109_115218
grep: can't open /etc/svc/repository.db
...(중략)...
```

위 예제는 반드시 일반 사용자가 수행해야 결과가 출력됩니다. PASSREQ가 패턴이 있는 파일을 grep으로 검색하는 예제의 결과로, 표준 출력처럼 보이지만 표준 에러입니다. 에러의 주된 이유는, 관리자(root)가 아닌 일반 사용자가 파일의 내용을 검색을 시도하는 경우, 파일 또는 디렉토리의 읽기 퍼미션이 없어서 나타나는 표준 에러입니다.

다음은 find 명령어에서 에러를 제외하는 예제입니다.

```
$ find /etc -type f -exec grep PASSREQ {} \; -print 2> /dev/null
# PASSREQ determines if login requires a password.
PASSREQ=YES
/etc/default/login
```

위 예제에서는 표준 에러를 /dev/null 장치로 보내서 표준 출력 결과만 확인할 수 있습니다.

다음은 표준 출력과 표준 에러를 하나의 같은 파일에 저장하는 메타문자 사용법입니다.

```
command 1> filename 2>&1
```

2>&1의 의미는 파일 디스크립터 2번인 표준 에러를 파일 디스크립터 1번인 표준 출력을 같은 파일에 저장하라는 의미입니다. 다음은 표준 출력과 표준 에러를 같은 파일에 저장하는 예제입니다.

```
$ find /etc -type f -exec grep PASSREQ {} \; -print 1> passreq 2>&1
$ more passreq
grep: can't open /etc/dladm/secobj.conf
grep: can't open /etc/ppp/chap-secrets
grep: can't open /etc/ppp/pap-secrets
grep: can't open /etc/iscsi/iscsi_v1.dbc
grep: can't open /etc/svc/profile/site/sc_profile.xml
grep: can't open /etc/svc/repository-manifest_import-20140109_115319
grep: can't open /etc/svc/repository-boot-20140109_115218
```

```
grep: can't open /etc/svc/repository.db
grep: can't open /etc/svc/repository-manifest_import-20140109_115253
grep: can't open /etc/svc/repository-boot-20140110_063616
grep: can't open /etc/svc/repository-boot-20140110_104718
grep: can't open /etc/ssh/ssh_host_rsa_key
grep: can't open /etc/ssh/ssh_host_dsa_key
grep: can't open /etc/oshadow
find: cannot read dir /etc/flash/precreation: Permission denied
find: cannot read dir /etc/flash/postcreation: Permission denied
find: cannot read dir /etc/flash/preexit: Permission denied
# PASSREQ determines if login requires a password.
PASSREQ=YES
/etc/default/login
find: cannot read dir /etc/sudoers.d: Permission denied
find: cannot read dir /etc/inet/secret: Permission denied
...(중략)...
```

5] 파이프 문자

파이프(|) 문자는 명령어의 표준 출력을 또 다른 명령어의 표준 입력으로 받게 됩니다. 다음은 파이프 문자 사용법입니다.

```
command | command
```

두 개의 명령어 사이에 파이프 문자를 사용하여 앞 명령어의 출력을 두 번째 명령어의 입력으로 사용하게 됩니다.

다음은 파이프 문자로 방향재지정 예제입니다.

```
$ ls -l /etc | wc -l
    161
```

위 예제는 ls -l /etc 명령어의 결과를 wc -l 명령어의 입력을 받아 줄의 수, 즉 파일의 개수를 확인하는 예제입니다.

다음은 명령어의 결과가 많을 때 more 명령어로 페이지 단위로 보는 예제입니다.

```
$ ps -ef | more
     UID   PID  PPID  C    STIME TTY        TIME CMD
    root     0     0  0 10:47:17 ?          0:01 sched
    root     5     0  0 10:47:16 ?          0:01 zpool-rpool
    root     6     0  0 10:47:18 ?          0:00 kmem_task
    root     1     0  0 10:47:18 ?          0:00 /usr/sbin/init
    root     2     0  0 10:47:18 ?          0:00 pageout
    root     3     0  0 10:47:18 ?          0:04 fsflush
    root     7     0  0 10:47:18 ?          0:00 intrd
    root     8     0  0 10:47:18 ?          0:00 vmtasks
    root   106     1  0 10:47:26 ?          0:00 /lib/inet/in.mpathd
    root    11     1  0 10:47:19 ?          0:03 /lib/svc/bin/svc.startd
    root    13     1  0 10:47:19 ?          0:15 /lib/svc/bin/svc.configd
  netcfg    39     1  0 10:47:21 ?          0:00 /lib/inet/netcfgd
    root  1389  1388  0 10:49:11 ?          0:01 /usr/lib/ssh/sshd
    root   834   810  0 10:48:43 ?          0:01 /usr/lib/hal/hald-addon-acpi
  netadm   366     1  0 10:47:31 ?          0:00 /lib/inet/nwamd
  netadm    86     1  0 10:47:25 ?          0:00 /lib/inet/ipmgmtd
   dladm    65     1  0 10:47:24 ?          0:00 /usr/sbin/dlmgmtd
    root   381     1  0 10:47:32 ?          0:00 /sbin/dhcpagent
  daemon    88     1  0 10:47:25 ?          0:00 /lib/crypto/kcfd
   userA  6080  2537  0 13:20:49 pts/1      0:00 ps -ef
    root  1135     1  0 10:48:50 ?          0:00 /usr/lib/devchassis/devchassi
--More--
```

다음은 명령어의 결과 중 원하는 패턴만 grep 명령어로 검색하는 예제입니다.

```
$ ps -ef | grep bash
    root  1297  1030  0 10:48:53 console    0:00 -bash
    root  1390  1389  0 10:49:15 pts/1      0:00 -bash
   userA  2537  2536  0 12:15:42 pts/1      0:00 -bash
```

8.2 명령어 히스토리

쉘은 최근에 실행한 명령어를 버퍼에 저장합니다. 이것을 명령어 히스토리라고 하며, 최근 실행한 명령어를 확인하고, 다시 실행할 수 있습니다.

히스토리와 관련 명령어는 Shell 마다 다를 수 있습니다.

1 history 명령어

history 명령어는 최근에 실행한 명령어의 목록을 확인할 수 있습니다. history 명령어는 Korn Shell에서는 기본적으로 최근 16개의 명령어를 보여주며, Bash Shell에서는 500개의 명령어를 보여줍니다.

다음은 history 명령어 사용법입니다.

```
history option
```

다음은 Korn Shell에서 최근 실행한 명령어를 보는 history 명령어 예제입니다.

```
[Korn Shell]
$ history
34      ps -ef
35      ps -ef | more
36      cd ~
37      ls
38      history
39      history | wc -l
40      exit
41      history -10
42      cd /etc
43      more /etc/hosts
44      which history
45      cd /
46      echo $SHELL
47      history
48      exit
49      history
```

다음은 Bash Shell에서 최근 실행한 명령어를 보는 history 명령어 예제입니다.

```
[Bash Shell]
$ history
...(중략)...
  517   echo "====Process List====" > process_list
  518   ps >> process_list
  519   cat process_list
  520   clear
  521   find /etc -type f -exec grep PASSREQ {} \; -print
  522   ls -l
  523   ls -F
  524   ls -z 2> /dev/null
  525   su userA
  526   clear
  527   cd /etc
  528   more /etc/passwd
  529   su - userA
  530   clear
  531   ls
  532   history
```

위 예제에서 왼쪽의 숫자는 명령어의 순서 번호이며, 명령어를 재실행할 때 사용 됩니다.

다음은 Korn Shell에서 최근 실행한 명령어의 개수를 지정하는 옵션을 사용한 예제입니다.

```
[Korn Shell]
# history -5
50      echo $SHELL
51      exit
52      history -n
53      history -r
54      exit
55      history -5
```

Korn Shell의 -5 옵션은 최근 5개 명령어와 방금 실행한 명령어까지 포함해서 출력 됩니다.

다음은 Bash Shell에서 최근 실행한 명령어의 개수를 지정하는 옵션을 사용한 예제입니다.

```
[Bash Shell]
# history 5
 1056  echo "The current time is $(date)"
 1057  date
 1058  history
 1059  history 10
 1060  history 5
```

다음은 Korn Shell에서 최근 실행한 명령어를 역순으로 출력하는 예제입니다.

```
[Korn Shell]
# history -r
56      history -r
55      history -5
54      exit
53      history -r
52      history -n
51      exit
50      echo $SHELL
49      history
48      exit
47      history
46      echo $SHELL
45      cd /
44      which history
43      more /etc/hosts
42      cd /etc
41      history -10
```

다음은 Korn Shell에서 최근 cd 명령어부터 ls 명령어까지 출력하는 예제입니다.

```
[Korn Shell]
# history cd ls
45      cd /
44      which history
```

```
43    more /etc/hosts
42    cd /etc
41    history -10
40    exit
39    history | wc -l
38    history
37    ls
```

2 명령어 재실행

명령어 히스토리에서 최근 실행한 명령어를 재실행할 수 있습니다.

1] Korn Shell의 r 명령어

r 명령어는 Korn Shell에서 최근 실행한 명령어를 재실행 합니다. 다음은 r 명령어의 예제 입니다.

```
[Korn Shell]
# cal
     January 2014
S  M Tu  W Th  F  S
           1  2  3  4
 5  6  7  8  9 10 11
12 13 14 15 16 17 18
19 20 21 22 23 24 25
26 27 28 29 30 31
# r
cal
     January 2014
S  M Tu  W Th  F  S
           1  2  3  4
 5  6  7  8  9 10 11
12 13 14 15 16 17 18
19 20 21 22 23 24 25
26 27 28 29 30 31
```

다음은 Korn Shell에서 history 버퍼의 특정 번호의 명령어를 재실행하는 r 명령어의 예제입니다. history 버퍼의 61번째 명령어를 실행한 예제입니다.

```
[Korn Shell]
# history
...(중략)...
   61      cal
   62      cd
   63      history
   64      history -5
   65      clear
   66      history
# r 61
cal
     January 2014
  S  M Tu  W Th  F  S
              1  2  3  4
   5  6  7  8  9 10 11
  12 13 14 15 16 17 18
  19 20 21 22 23 24 25
  26 27 28 29 30 31
```

다음은 Korn Shell에서 history 버퍼의 특정 패턴의 명령어를 재실행하는 r 명령어의 예제입니다.

```
[Korn Shell]
# r c
cal
     January 2014
  S  M Tu  W Th  F  S
              1  2  3  4
   5  6  7  8  9 10 11
  12 13 14 15 16 17 18
  19 20 21 22 23 24 25
  26 27 28 29 30 31
```

위 명령어는 history 버퍼에서 최근 c로 시작하는 패턴의 cal 명령어가 실행된 예제입니다.

2] Bash Shell의 ! 명령어

! 명령어는 Bash Shell에서 최근 실행한 명령어를 재실행 합니다. 다음은 !! 명령어의 예제 입니다.

```
[Bash Shell]
# ls
dirA        dirV        dirY        fileB       numbers
dirB        dirX        fileA       fileC       process_list
# !!
ls
dirA        dirV        dirY        fileB       numbers
dirB        dirX        fileA       fileC       process_list
```

Bash Shell에서 !!는 Korn Shell의 r 명령어와 같이 가장 최근 실행한 명령어를 재실행 합니다.

다음은 Bash Shelll에서 history 버퍼의 특정 번호의 명령어를 재실행하는 !n 명령어의 예제입니다.

```
[Bash Shell]
# history 5
 1588  cd ..
 1589  more /etc/hosts
 1590  man history
 1591  history
 1592  history 5
# !1589
more /etc/hosts
#
# Copyright 2009 Sun Microsystems, Inc.   All rights reserved.
# Use is subject to license terms.
#
# Internet host table
#
::1 solaris localhost
127.0.0.1 solaris localhost loghost
```

다음은 Bash Shell에서 history 버퍼의 특정 패턴의 명령어를 재실행하는 !pattern 명령어의 예제입니다.

```
[Bash Shell]
# !ls
ls -a
.           cdrom       export      media       opt         rpool       usr
..          dev         home        mnt         platform    sbin        var
bin         devices     kernel      net         proc        system
boot        etc         lib         nfs4        root        tmp
```

위 명령어는 history 버퍼에서 최근 ls 패턴의 ls -a 명령어가 실행된 예제입니다.

다음은 Bash Shell에서 Ctrl R 키 조합을 누르면 history 버퍼에서 최근 실행한 명령어를 검색하는 예제입니다.

```
[Bash Shell]
# Ctrl R
(reverse-i-search)`ls': ls -a
```

위 명령어는 history 버퍼에서 ls 명령어를 검색해 보여주는 예제이며, ls -a가 검색되었습니다. 이 상태에서 엔터키를 누르면 ls -a가 실행됩니다.

3 최근 실행한 명령어 편집

Shell에서 최근 실행한 명령어를 편집하여 실행할 수 있습니다. Korn Shell의 경우 기본적으로 명령어 편집기능이 비활성화 되어 있으며, vi 편집기 기능을 활성화해서 명령어를 편집할 수 있습니다. Bash Shell의 경우 기본적으로 편집 기능이 활성화 되어 있습니다.

다음은 Korn Shell에서 vi 편집기 기능을 활성화 하는 명령어의 사용법입니다.

```
# set -o vi
또는
# export EDITOR=/bin/vi
또는
# export VISUAL=/bin/vi
```

> **NOTE**
> 위 명령어는 영구적으로 설정되지 않으며, 필요시 설정 및 변수를 초기화 파일에 등록시켜야 합니다.

위 명령어로 Korn Shell에서 vi 편집기능을 활성화 하고 난 뒤, [ESC][K]는 위로, [ESC][J]는 아래로, [ESC][H]는 왼쪽, [ESC][L]는 오른쪽으로 이동이 가능합니다. 이 후 명령어 수정은 vi 편집기의 기능과 동일합니다.

Bash Shell은 키보드의 화살표로 이동이 가능하며 [←]키 또는 [Del]키로 삭제할 수 있습니다. 즉, Bash Shell은 vi 편집기 기능을 이용하여 편집하는 것이 아닌, Bash Shell 자체에 편집 기능을 가지고 있습니다.

8.3 사용자 초기화 파일

작업 환경을 커스터마이징하기 위해서는 몇몇 초기화 파일의 내용을 수정해야 합니다. 이를 초기화 파일 또는 환경설정 파일이라고 합니다.

1 /etc/profile 파일

/etc/profile 파일은 관리자(root)에 의해 관리되며, 시스템 전역에 걸쳐 환경을 설정하는 파일입니다. 모든 사용자는 시스템 부팅 시 적용되는 초기화 설정입니다.

2 ~/.profile 파일

개별 사용자 홈 디렉토리의 .profile 파일은 해당 사용자가 로그인시 적용되는 초기화 파일입니다. 이 파일에서는 Shell에서 사용할 Shell 변수나 터미널 설정등을 할 수 있습니다.

3 ~/.kshrc 파일

개별 사용자 홈디렉토리의 .kshrc 파일은 Korn Shell 실행 시 실행하는 초기화 파일이며, 일반적으로 다음과 같은 설정을 할 수 있습니다.

- Shell 프롬프트 모양 정의 (PS1, PS2 등)
- Alias 정의
- Shell 기능 정의
- History 변수 정의
- Shell 옵션 정의

4 ~/.bashrc 파일 또는 ~/.bash_profile

개별 사용자 홈디렉토리의 .bashrc 파일은 Bash Shell 실행 시 실행하는 초기화 파일이며, ~/.bash_profile 파일은 파일이름만 다르고 같은 기능을 합니다. 이 파일 역시 .kshrc 파일과 성격이 같으며 Korn Shell과 Bash Shell에서 사용하는 문법 차이를 제외하고는 동일한 설정을 할 수 있습니다.

CHAPTER 9

쉘 프로그래밍

CHAPTER 9
쉘 프로그래밍

━ 학습목표

쉘 프로그래밍의 개념을 학습합니다.
조건문, 제어문, 반복문을 학습합니다.

━ 학습내용

이번 장에서는 쉘 프로그래밍에 대하여 학습하도록 하겠습니다. 그 중에서도 가장 사용 빈도가 높은 구문인 조건문, 제어문, 반복문을 학습하도록 하겠습니다.
여기에서는 다음과 같은 순서로 상세한 내용에 대해 다루어 보도록 하겠습니다.

9.1 쉘 프로그래밍 개요
9.2 변수
9.3 조건문
9.4 제어문
9.5 반복문
9.6 내부명령어

9.1 쉘 프로그래밍 개요

쉘 스크립트는 기본적으로 시스템 명령어와 프로그래밍 구문으로 이루어져 있습니다. 쉘 프로그래밍을 사용하면 반복적인 작업을 자동화 할 수 있습니다.

예를 들어, 시스템 관리자가 유닉스 또는 리눅스 시스템에 사용자를 추가하려면 useradd 명령어를 이용할 수 있습니다. useradd 명령어로 2-3 명의 사용자를 생성하는 것은 간단하게 수행 할 수 있을 것입니다. 그러나 대학교 전산실의 경우 매년 수천 명의 신입생이 입학하게 되면 학생들에게 계정을 제공해 주어야 하는데, useradd 명령어로 사용자 생성을 수천 번 실행하여 사용자를 만드는 것은 비효율적입니다.

또, 매일 새벽시간에 일일 백업을 수행하는 경우에도 매번 관리자가 백업 명령을 수행하는 것은 번거롭고 어렵습니다. 이러한 경우 스케쥴링과 쉘 프로그래밍을 이용하여 자동화 할 수 있습니다.

이처럼 쉘 프로그래밍은 유닉스와 리눅스 시스템을 효율적으로 관리할 수 있게 해주기 때문에 반드시 숙달하는 것이 좋습니다.

1 프로그래밍 언어 vs. 스크립트 언어

프로그래밍 언어는 일반적으로 우리가 알고 있는 C 언어가 가장 대표적인 언어입니다. 이런 C 언어는 스크립트 언어에 비해 실행 속도가 빠르고 강력합니다. 그러나 C 언어는 별도의 컴파일 작업을 거쳐 소스코드를 실행파일로 변환하는 작업을 거치기 때문에 스크립트 언어에 비해 번거롭습니다.

스크립트 언어는 실행속도가 프로그래밍 언어에 비해 느리고, 강력한 기능을 구현하는데 한계가 있지만, 컴파일 과정을 거치지 않고 인터프리터가 즉시 명령해석을 수행하므로 사용이 매우 용이 합니다.

쉘 프로그래밍은 쉘 스크립트라고 불리며 스크립트 언어의 대명사라고 할 수 있습니다. 일반적으로 쉘 스크립트로 작성된 파일은 .sh 확장자를 붙입니다.

2 쉘 스크립트의 실행

쉘 스크립트를 실행하기 위해서는 두 가지 방법을 사용할 수 있습니다.

1] sh 명령어 사용

실행하고자 하는 스크립트 파일명 앞에 먼저 sh 명령어를 붙여 수행합니다.

```
$sh sample.sh
```

2] chmod 명령어 사용

chmod 명령어를 이용하여 스크립트 파일에 실행 권한을 주면 됩니다.

```
$chmod +x sample.sh
$./sample.sh
```

9.2 변수

쉘 스크립트에서 사용하는 변수는 [표9-1]과 같습니다.

◉ **표 9-1** 변수의 종류

종류	설명
환경 변수(Enviroment Variables)	쉘 환경과 관련한 정보를 저장하는 변수 쉘에 의해 정의되고 사용자가 변경가능
사용자 정의 변수(User Defind Variables) 또는 프로그램 변수(Program Variables)	사용자가 정의해서 사용 가능한 변수
특수 변수(Special Variables)	쉘의 수행을 돕는 변수 쉘에 의해 설정되며 읽기전용으로 사용
위치 매개 변수(Postional Parameter)	쉘 스크립트 수행 시 전달 받는 위치 아규먼트

■ 1 환경변수

환경변수란 쉘 환경과 관련한 정보를 저장하는 변수를 말합니다. 이 변수를 로그인시에 쉘에 의해 초기설정 되며, 사용자에 의해 변경도 가능합니다. 변수명은 모두 대문자로 작성하며, [표 9-2]는 일반적으로 많이 사용하는 환경변수 목록입니다.

○ **표 9-2** 환경 변수 목록

변수명	설명
PATH	쉘이 명령어를 찾을 때 참조하는 디렉토리 경로
HOME	로그인시 사용자의 홈디렉토리
PS1	쉘 프롬프트
TERM	터미널 이름
SHELL	쉘 종류
LOGNAME	로그인 사용자 계정

2 사용자 정의 변수

일반적인 프로그램 언어에서 정의하는 방식과 유사하며 [변수명=값] 형식으로 사용됩니다. 변수명은 문자, 숫자, 언더라인(_)으로 구성할 수 있으며, 변수명의 첫 문자는 반드시 문자 또는 언더라인(_)이어야 합니다.

변수 값은 항상 문자열이며, 변수가 숫자를 포함하면 수치 문자열로 저장합니다. 공백문자는 등호 기호의 앞뒤로 허용되지 않습니다. 공백문자는 인용부호 안을 제외하고는 허용되지 않기 때문에 동일 라인에서 여러 개의 문장을 구분할 때 사용합니다.

쉘은 사용할 변수를 생성하기 때문에 변수를 사용하기 전에 정의할 필요는 없으며, 변수에 값을 대입하기 전에 사용하면 빈 문자열이 할당됩니다. 사용자정의변수는 해당 쉘에서만 사용이 가능하고, 자식 쉘에서 사용하려면 export 구문을 이용할 수 있습니다.

3 특수 변수

특수 변수는 현재 쉘을 확인하거나, 쉘의 프로세스 번호, 쉘 프로그램에 아규먼트로 전달될 때 사용됩니다.

[표9-3]은 특수 변수 중에 많이 사용되는 변수입니다.

◉ **표 9-3** 특수 변수 목록

변수명	설명
$$	현재 쉘의 PID
$?	실행된 마지막 명령의 종료 상태
$#	위치 매개변수의 수 (아규먼트의 총 개수)
$-	쉘에 설정된 현재 플래그
$!	실행된 마지막 백그라운드 명령의 프로세스 넘버
$*	$1부터 $n 까지 모든 매개 변수 목록
$@	$*과 동일 "$@"를 인용하면 매개 변수는 각각 인용 마지막 eval 호출에 대한 에러 메시지

4 위치 매개 변수

위치 매개 변수는 명령어의 옵션 또는 아규먼트와 같이 쉘 프로그래밍에서 사용하는 아규먼트입니다.

◉ **표 9-4** 위치 매개 변수 목록

변수명	설명
$0	위치 매개 변수 0 : 항상 명령어
$1-$9	위치 매개 변수 1-9

9.3 조건문

test 문은 쉘 스크립트에서 조건문을 검사하고 결과를 반환하는데 사용됩니다. 일반적으로는 if 문이나 while 문을 이용하여 문자열비교, 산술비교, 파일 비교 등을 수행합니다.

test문의 사용법은 다음과 같습니다.

```
test expression
또는
expression
```

조건의 결과가 참(ture)인 경우는 0을, 거짓(false)인 경우는 0이 아닌 값(통상 1)을 반환합니다.

1 문자열 검사

◎ 표 9-5 문자열 검사

비교	설명
str1 = str2	문자열이 같으면 true , 틀리면 false 반환 (연산자 사이에 공백문자가 있어야 함)
str1! = str2	문자열이 다르면 true , 같으면 false 반환 (연산자 사이에 공백문자가 있어야 함)
str	문자열이 Null 이 아니면 ture , Null 이면 false 반환
-n str	문자열 길이가 0이 아니면 ture , 0 이면 false 반환
-z str	문자열 길이가 0이면 ture, 0이 아니면 false 반환

2 산술 비교

◎ 표 9-6 숫자/조건식 산술연산

비교	설명	비고
A -eq B	A와 B값이 같으면 ture를 반환	equal then
A -ne B	A와 B값이 다르면 ture를 반환	no equal to
A -gt B	A가 B보다 크면 ture를 반환	greater than
A -ge B	A가 B보다 크거나 같으면 ture를 반환	greater than or equal to
A -lt B	A가 B보다 작으면 true를 반환	less than
A -le B	A가 B보다 작거나 같으면 ture를 반환	less than or equal to

NOTE

모든 연견산자는 조건식 좌우 사이에 공백문자가 있어야 합니다.

3 파일 검사

○ 표 9-7 파일 검사

검사	결과
-d file	디렉토리파일이면 ture 반환
-f file	일반파일이면 true 반환
-b file	블록파일이면 ture 반환
-c file	원시파일(캐릭터)파일이면 true 반환
-l file	심볼릭 링크 파일이면 true 반환
-r file	파일 읽기가 가능하면 true
-w file	파일 쓰기가 가능하면 true
-x file	파일 실행이 가능하면 true
-s file	크기가 0이 아니면 true (파일이 존재하면서 0보다 커야함)
-p file	파이프 파일이면 true
-u file	SetUID 설정 파일이면 true
-g file	SetGID 설정 파일이면 true
-k file	Stickybit 설정 파일이면 true

4 논리 조건 연산

○ 표 9-8 논리 연산자

논리 연산자	설명
!	NOT 연산자 : 결과에 대해 반대값을 반환
-a	AND 연산자 : 결과가 모두 참이어야 true를 반환
-o	OR 연산자 : 결과가 하나라도 참이면 true를 반환
( )	우선순위 연산

9.4 제어문

쉘 스크립트에서 if 문과 else 문을 이용하여 조건 분기를 수행하고, 흐름을 제어할 수 있습니다.

1 if~then~fi 문

이 조건은 참인 경우에만 실행되는 구문입니다. 만약 ~ 라면 ~입니다와 같은 형태의 결과를 출력 하도록 합니다.

```
if 조건
then
   명령1
fi
```

다음은 예제 스크립트입니다.

```
#!/bin/sh
male=10
female=20
if [ $male -lt $female ]; then
        echo female
fi
```

2 if~then~else~fi 문

만약 ~ 라면 ~ 이고, 아니라면 ~입니다와 같은 형태의 결과를 출력하도록 합니다.

```
if 조건
then
   명령1
else
   명령2
fi
```

3 if~then~elif~else 문

여러 가지 조건을 처리하기 위한 구문입니다. 사용법은 다음과 같습니다.

```
if 조건
then
   명령1
elif 조건
then
   명령2
...
else
   명령3
fi
```

다음은 예제 스크립트입니다.

```
#!/bin/sh
male=20
female=10
if [ $male -lt $female ]
then
        echo female
elif [ $male -eq $female ]
then
        echo same
else
        echo male
fi
```

4 case 문

case 문은 if 문장의 또 다른 형태라고 할 수 있습니다. 조건이 많을수록 복잡해지는 if 문장보다 간결하게 구성할 수 있습니다.

```
case   variable    in
패턴1)
        명령1
        ;;
패턴2)
        명령2
        ;;
*)
        명령3
        ;;
esac
```

다음은 예제 스크립트입니다.

```
#!/bin/sh
echo "What is your hair color ? [input color] : \c"
read   color

case   "$color" in
'brown')
        echo "Hair color  is  brown"
        ;;
'blue' | 'sky')
        echo "Hair color is blue"
        ;;
'black')
        echo "Hair color is black"
        ;;
*)
        echo "NONE" ;;
esac
```

9.5 반복문

1 for

값에 있는 개별 아이템이 for 에 순차적으로 할당되어 할당이 종료될 때 까지 루프를 반복합니다. 사용법은 다음과 같습니다.

```
for 변수 [in][값]
do
  명령
done
```

다음은 예제 스크립트입니다.

```
#!/bin/sh
for i in h e l l o
do
 echo $i
done
```

다음은 실행 결과입니다.

```
ostoneo@solaris:~$ ./for.sh
h
e
l
l
o
```

2 while

while 문은 for 문처럼 특정 회수를 반복하기 어려운 경우 사용하는 반복문으로 지정한 조건이 참일 동안만 명령을 수행합니다. 조건을 만족시키지 못하면 해당 루프 문을 종료하고 빠져나가게 됩니다. 사용법은 다음과 같습니다.

```
while 조건
do
  명령
done
```

다음은 예제 스크립트입니다.

```
#!/bin/sh
var=5
while [ $var -lt 10 ]
do
        echo this is a while loop test
        var=$var+1
done
```

다음은 실행 결과입니다.

```
ostoneo@solaris:~$ ./loop.sh
this is a while loop test
this is a while loop test
this is a while loop test
this is a while loop test
this is a while loop test
```

3 until

until 문은 조건문의 반환 값이 참이 될 때 까지 루프를 반복합니다. while 문과 달리 조건문이 거짓일 때에만 명령을 수행합니다. 사용법은 다음과 같습니다.

```
until 조건
do
  명령
done
```

다음은 예제 스크립트입니다.

```sh
#!/bin/sh
var=20
until [ $var -lt 10 ]
do
        echo this is a until loop test
        var=$var-1
done
```

실행결과는 다음과 같습니다.

```
ostoneo@solaris:~$ ./until.sh
this is a until loop test
this is a until loop test
this is a until loop test
this is a until loop test
this is a until loop test
this is a until loop test
this is a until loop test
this is a until loop test
this is a until loop test
this is a until loop test
```

9.6 내부 명령어

● **표 9-9** 내부 명령어

내부 명령어	설명
exit	쉘 스크립트 종료
continue	for, while , until 등의 반복문에서 사용 진행 중인 작업을 중단하고 반복문 처음으로 이동
break	for, while , until 등의 반복문에서 사용 반복을 종료 done 다음 명령 실행
return	쉘 함수 종료 시 결과 값 반환
read	표준입력에서 입력 받아 변수에 할당
expr	수식의 결과 출력

CHAPTER 10

프로세스 제어 및 작업관리

CHAPTER 10
프로세스 제어 및 작업관리

― 학습목표

프로세스를 정의 할 수 있습니다.
프로제스를 제어할 수 있습니다.

― 학습내용

이번장에서는 유닉스/리눅스에서 사용되는 프로세스 종류 및 검색, 관리 방법에 대해서 학습하겠습니다. 또, 메모리에 존재하는 프로세스를 제어하기 위해서 사용하는 시그널에 대해서도 알아 보도록 하겠습니다.
여기에서는 다음과 같은 순서로 상세한 내용에 대해 다루어 보도록 하겠습니다.

10.1 프로세스 설명
10.2 프로세스 확인
10.3 특정 프로세스의 검색
10.4 시그널 사용
10.5 작업 관리

10.1 프로세스 설명

1 프로세스 개념과 종류

프로세스는 실행된 프로그램을 뜻하는데, 일반적으로 유닉스 시스템은 부팅 과정을 거쳐 init 이라는 최초의 사용자 프로세스를 생성하게 됩니다. 쉘의 시작, 특정 프로그램의 실행은 모두 프로세스를 시작하는 것입니다.

프로세스는 부모프로세스와 자식프로세스 관계를 가지고 있습니다. 시스템은 부팅하면서 많은 프로세스들을 구동하는데, 백그라운드로 구동되고 서비스를 제공해 주는 이러한 프로세스를 데몬이라고 부릅니다. 또한, 고아 프로세스라고 불리는 프로세스나 좀비 프로세스라고 불리는 프로세스도 있습니다.

○ 표 10-1 프로세스의 종류

항목	설명
부모프로세스 (Parents Process)	다른 프로세스를 생성 할 수 있는 프로세스입니다.
자식프로세스 (child Process)	부모 프로세스로부터 만들어지는 프로세스입니다.
데몬프로세스 (Daemon Process)	일반적으로 사용자가 직접 실행 시키지 않고, 커널에 의해 구동되며 백그라운드에서 특정 서비스를 제공하기 위해 구동됩니다. 파일이름의 끝에 d를 붙여서 사용하는 것이 일반적으로 웹서비스의 경우는 httpd 데몬을 실행하여 서비스를 시작합니다.
고아프로세스 (Orphan Process)	자식 프로세스는 작업 종료 되면 부모 프로세스로 되돌아가는데, 되돌아가기 전에 부모 프로세스가 종료된 경우를 말하며 고아 프로세스는 init 프로세스가 해당 프로세스가 종료 될 수 있도록 해 줍니다.
좀비프로세스 (Zombie Process)	Defunct 프로세스라고도 알려져 있으며 , 자식 프로세스가 종료를 위해 프로세스 리스트라 불리우는 목록에서 종료 승인을 대기 하고 있는 상태에 있는 프로세스로, 시스템에 존재하는 리소스를 반납하지 않은 상태로 리스트에 남아 있는 프로세스를 의미 합니다. 즉, 이미 종료된 프로세스지만, 리소스 반환을 하지 못한 상태로 남아 있는 프로세스입니다.

2 PID와 PPID

프로세스는 PID(Process Idenfication Number)라는 번호가 할당되고 이 번호로 관리됩니다. 자식 프로세스의 경우는 부모와 자식 간의 관계를 위해 PPID(Parents Process Identification Number)가 별도 할당되며 이를 통해 자식 프로세스를 생성한 부모 프로세스를 확인 할 수 있습니다. 또한, 개별 프로세스는 UID와 GID를 이용하여 해당 프로세스의 소유자정보와 그룹을 정보를 확인하여 해당 프로세스의 권한을 확인 할 수 있습니다.

10.2 프로세스 확인

1 ps 명령어 사용

ps 명령어는 현재 시스템에서 구동중인 프로세스의 목록을 보여주는 명령입니다. 이 명령어는 다양한 옵션을 이용하여 원하는 정보를 확인할 수 있습니다. ps 명령어는 아래와 같이 수행합니다.

```
ostoneo@solaris:~$ ps
  PID TTY         TIME CMD
 2861 pts/1       0:00 bash
 3030 pts/1       0:00 ps
```

기본적으로 4개 필드에 대한 정보가 출력됩니다. 각각의 의미는 [표10-2]와 같습니다.

○ **표 10-2** ps 명령어 필드의 의미

필드	의미
PID	PID를 의미
TTY	현재 터미널을 의미 (tty1은 1번터미널을 의미)
TIME	해당 프로세스가 사용한 CPU 시간
CMD	실행된 명령 이름

ps 명령어의 기본 옵션은 [표 10-3]과 같습니다.

○ **표 10-3** ps 명령어 옵션

옵션	설명
-f	상세 정보 출력 (일반적으로 verbose 모드라 불리는 모드) PPID 와 STIME 등의 추가 정보 확인 가능
-e	시스템상의 모든 프로세스 정보 출력

-f 옵션을 포함하여 실행한 결과는 아래와 같습니다.

```
ostoneo@solaris:~$ ps -f
     UID   PID  PPID  C    STIME TTY        TIME CMD
 ostoneo  2861  2860  0 18:48:56 pts/1      0:00 -bash
 ostoneo  3034  2861  0 05:14:28 pts/1      0:00 ps -f
```

각 필드별 의미는 [표 10-4]과 같습니다.

◯ **표 10-4** ps -f 필드 의미

필드	설명
UID	프로세스의 소유자 ID
PID	프로세스 ID 번호
PPID	부모 프로세스 ID 번호
C	스케줄링을 위한 CPU 사용량 오래된 값으로 의미가 없는 필드입니다.
STIME	프로세스의 시작 시각 (hh:mm:ss)
TTY	프로세스를 위한 단말기 제어 터미널 번호가 없이 ? 로 출력되는 프로세스는 터미널에서 시작되지 않은 프로세스를 의미 하며 데몬 프로세스를 의미 합니다.
TIME	프로세스에 대한 누적 실행 시간
CMD	명령, 옵션, 아규먼트

2 시스템 전체 프로세스 목록 출력

시스템의 전체 프로세스 목록 출력을 위해서는 위에서 배운 -e 옵션과 -f 옵션을 결합하여 사용합니다. 두 옵션을 이용하여 명령을 수행한 결과는 아래와 같습니다.

```
ostoneo@solaris:~$ ps -ef | more
     UID   PID  PPID  C    STIME TTY         TIME CMD
    root     0     0  0   Jan 06 ?           0:01 sched
    root     5     0  0   Jan 06 ?           0:01 zpool-rpool
    root     6     0  0   Jan 06 ?           0:00 kmem_task
    root     1     0  0   Jan 06 ?           0:00 /usr/sbin/init
    root     2     0  0   Jan 06 ?           0:00 pageout
    root     3     0  0   Jan 06 ?           0:14 fsflush
    root     7     0  0   Jan 06 ?           0:00 intrd
    root     8     0  0   Jan 06 ?           0:00 vmtasks
    root   116     1  0   Jan 06 ?           0:00 /usr/lib/pfexecd
    root    11     1  0   Jan 06 ?           0:02 /lib/svc/bin/svc.startd
    root    13     1  0   Jan 06 ?           0:10 /lib/svc/bin/svc.configd
...(중략)...
```

3 pstree/ptree 명령어를 사용하여 확인하는 방법

시스템 상에서 부모 프로세스와 자식 프로세스 사이의 관계를 확인하기 위해 트리 형태로 출력하는 pstree 명령어와 ptree 명령어가 있습니다. pstree 명령어는 리눅스에서 사용하는 명령어이며, ptree 명령어는 유닉스에서 사용하는 명령어입니다. pstree 명령어는 프로세스의 이름만 출력하지만, ptree 명령어는 UID도 같이 출력합니다.

다음은 유닉스의 ptree 명령어를 사용하여 프로세스를 확인하는 예제입니다.

```
[Unix]
# ptree
8     /lib/svc/bin/svc.startd
 361    /usr/lib/saf/sac -t 300
   366    /usr/lib/saf/ttymon
 396    /usr/lib/saf/ttymon -g -d /dev/console -l console -m ldterm,ttcompat -h
10    /lib/svc/bin/svc.configd
65    /sbin/dhcpagent
116   /usr/lib/sysevent/syseventd
```

다음은 리눅스의 pstree 명령어를 사용하여 프로세스를 확인하는 예제입니다.

```
[Linux]
# pstree
init─┬─acpid
     ├─anacron
     ├─atd
     ├─auditd─┬─audispd───{audispd}
     │        └─{auditd}
     ├─automount───4*[{automount}]
     ├─avahi-daemon───avahi-daemon
```

10.3 특정 프로세스의 검색

유닉스 운영환경에서는 특정 프로세스 정보만 출력하고자 할 때 grep 명령어와 pgrep 명령어 등을 이용하여 원하는 정보를 검색할 수 있습니다.

1 ps 명령어와 grep 명령어의 조합

ps 명령의 수행 결과는 파이프(|) 를 이용하여 grep 으로 추출합니다. 사용자가 원하는 문자를 이용하여 프로세스 목록을 찾을 수 있습니다. 아래는 전체 프로세스 정보로부터 bash 정보만 출력 하도록 grep 을 이용하였습니다.

```
ostoneo@solaris:~$ ps -ef | grep bash
    root  2311  2310   0 06:41:16 console     0:00 -bash
 ostoneo  2861  2860   0 18:48:56 pts/1       0:00 -bash
 ostoneo  2306  2290   0 06:41:12 console     0:00 -bash
```

2 pgrep 명령어

pgrep 명령어는 프로세스의 이름으로 검색해 줄 수 있도록 해주는 명령으로 ps 명령어와 grep 명령어를 한 번에 수행해 줄 수 있도록 해 줍니다.

● **표 10-5** pgrep 명령어 옵션

옵션	설명
-x	패턴과 정확하게 일치하는 PID 정보 출력
-n	패턴을 포함하고 가장 최근에 생성된 PID 정보 출력
-U uid	UID가 일치하는 특정 사용자에 대한 정보 출력
-l	PID와 프로세스 이름 출력
-t term	특정 터미널과 관련한 프로세스 정보 출력

다음은 bash 프로세스 정보만 출력하기 위해 -x 옵션을 사용한 예제입니다.

```
ostoneo@solaris:~$ pgrep -x bash
2311
2861
2306
```

다음은 sh 패턴을 포함하고 가장 최근에 생성된 PID 정보를 출력하는 예제입니다.

```
ostoneo@solaris:~$ pgrep -n sh
2861
```

다음은 UID가 100 번인 사용자의 프로세스 정보만 출력하기 위한 예제입니다.

```
ostoneo@solaris:~$ pgrep -u 100
2860
2861
2306
```

다음은 bash 패턴을 찾아 결과를 출력할 때 PID와 프로세스 이름을 출력하기 위한 예제입니다.

```
ostoneo@solaris:~$ pgrep -l bash
  2311 bash
  2861 bash
  2306 bash
```

다음은 pts/1 터미널에 해당되는 프로세스 정보를 출력하기 위한 예제입니다.

```
ostoneo@solaris:~$ pgrep -lt pts/1
 2861 bash
```

10.4 시그널 사용

프로세스는 메모리에 존재하는 프로그램의 형태이므로 이를 관리하기 위해서 시그널을 사용합니다. 시그널은 시그널번호와 시그널이름을 이용하여 사용이 가능합니다. [표10-6]에 가장 일반적인 시그널을 정리하였습니다.

● **표 10-6** 시그널의 종류 (일부)

시그널 번호	시그널 이름	동작	정의
1	SIGHUP	Hang up	Hang-up 시그널은 프로세스 종료 없이 프로그램을 새로 초기화 합니다.
2	SIIGINT	Interrupt	Interrupt 시그널은 Ctrl C 를 사용할 때 발생됩니다.
9	SIGKILL	Kill	프로세스는 kill 시그널을 무시할 수 없으며 프로세스가 종료 됩니다.
15	SIGTERM	Terminate	Terminiate 시그널은 프로세스를 종료 합니다. 일부 프로세스는 이 시그널을 무시하며, kill 또는 pkill 같은 명령어의 기본 시그널이기도 합니다.

1 kill 명령어 사용

kill 명령어를 이용하여 프로세스에 시그널을 보낼 수 있습니다. kill 명령어를 이용하면 소유자의 프로세스를 관리 할 수 있으며, root 권한을 이용하면 다른 프로세스 역시 관리 할 수 있습니다.

kill 명령어만 사용하면 기본 시그널이 15번, 즉 Terminate 시그널이 기본 사용됩니다. 따라서 해당 프로세스를 종료 할 때 사용할 수 있으며, 강제 종료는 kill 시그널을 명시적으로 작성해야 합니다.

kill 명령어로 프로세스를 종료 할 때는 반드시 ps 명령어나 pgrep 명령어로 PID를 확인하고 kill 명령어 수행 시 반드시 함께 입력해야 합니다. 아래는 프로세스를 PID 로 종료하는 예제입니다.

```
ostoneo@solaris:~$ sleep 1000 &
[1] 1971
ostoneo@solaris:~$ pgrep -l sleep
 1971 sleep
ostoneo@solaris:~$ kill 1971
ostoneo@solaris:~$ pgrep -l sleep
[1]+  Terminated              sleep 1000
```

명령 뒤에 & 가 붙어 있는 것은 백그라운드 프로세스로 5.작업 관리 에서 다룹니다. 일부 프로세스는 15번 시그널인 Terminate 시그널에 의해서도 종료 되지 않을 수 있습니다. 이 경우 9번 시그널인 kill 시그널을 보내면 즉시 종료가 되며 9번 시그널을 이용해도 종료되지 않는 프로세스는 좀비 프로세스입니다.

2 pkill 명령어 사용

kill 명령어는 실행하기 전에 종료하기 위한 프로세스의 PID를 반드시 확인해야 하는 번거로움이 있습니다. pkill 명령어를 이용하면 프로세스에 이름으로 시그널을 보내 제어 할 수 있습니다. pkill 명령어의 옵션은 pgrep 명령어와 유사합니다. 다음은 프로세스를 이름으로 종료 하는 예제입니다.

```
ostoneo@solaris:~$ sleep 2000&
[1] 1974
ostoneo@solaris:~$ pgrep -l sleep
 1974 sleep
ostoneo@solaris:~$ pkill sleep
[1]+  Terminated              sleep 2000
```

pkill 명령어의 기본 시그널 역시 15번 시그널입니다. 아래와 같이 입력하면 9번 시그널을 이용하여 프로세스를 종료 할 수 있습니다.

```
ostoneo@solaris:~$ pkill -9 sleep
```

10.5 작업 관리

작업(job)은 쉘이 관리하는 프로세스입니다. 쉘은 작업들을 동작시키거나 조작할 수 있습니다. 또한 쉘은 각 작업 마다 작업 ID 번호를 할당합니다. 쉘은 동시에 여러 작업들을 동작시킬 수 있습니다. 쉘은 작업을 세 가지 상태(Foreground jobs, Background jobs, Stopped jobs)로 관리할 수 있습니다.

터미널에서 명령어를 실행할 때 명령어 실행이 종료될 때까지 터미널 화면을 사용하여 동작하는 것을 포그라운드(Foreground) 작업이라 합니다.

명령어를 입력할 때 명령어의 끝에 '&' 기호를 입력하면 명령어는 터미널 화면을 사용하지 않고 실행됩니다. 명령어를 실행시킨 후에 바로 쉘 프롬프트가 화면에 출력됩니다. 이런 동작 방식을 백그라운드(Background) 작업이라 합니다.

포그라운드 작업에서 Ctrl Z을 누르거나, 백그라운드 작업에서 stop 명령어를 입력하면 작업이 정지됩니다. 이런 동작 방식을 정지된(Stopped) 작업이라 합니다.

[표 10-7]은 작업 관리 명령어와 해당 하는 설명입니다.

◎ **표 10-7** 작업 관리 명령어와 설명

명령어	설명
jobs	현재 동작중이거나, 백그라운드에서 정지 중인 모든 작업들을 출력합니다.
bg %n	지정한 작업을 백그라운드에서 동작시킵니다.(n은 작업 ID 입니다.)
fg %n	지정한 작업을 백그라운드에서 포그라운드로 가져옵니다. (n은 작업 ID 입니다.)
Ctrl-Z	포그라운드 작업을 정지시킨 후, 정지된 작업으로서 백그라운드에 위치시킵니다.
stop %n	백그라운드에서 동작 중인 작업을 정지시킵니다. (n은 작업 ID 입니다.)

1 백그라운드 프로세스 실행

작업을 백그라운드에서 동작시키기 위해서는 명령어 뒤에 '&' 기호를 입력해야 합니다.

다음은 sleep 명령어를 백그라운드에서 동작시키는 예제입니다.

```
ostoneo@solaris:~$ sleep 60 &
[1] 18750
```

> **NOTE**
> sleep 명령어는 n초 동안 동작을 중지시키는 명령어입니다.

쉘은 '[]' 안에 작업 ID를 출력하고, 오른쪽에 동작중인 프로세스의 PID를 출력합니다. 출력된 작업 ID를 이용하여 작업을 관리할 수 있습니다. 커널은 PID를 통해 작업을 관리합니다. 백그라운드 작업이 끝난 상태에서 Enter 키를 누르면, 쉘은 작업이 완료되었다는 메시지를 출력합니다.

다음은 작업이 완료되었다는 메시지의 출력 결과입니다.

```
ostoneo@solaris:~$
[1]+  Done                    sleep 60
```

2 작업 목록 확인

jobs 명령어를 이용하여 동작 중이거나, 멈춰져 있는 작업들의 목록을 확인할 수 있습니다.

다음은 jobs 명령어의 사용 예제입니다.

```
ostoneo@solaris:~$ jobs
[1]+  Running                 sleep 60 &
```

3 백그라운드 작업을 포그라운드로 이동

fg 명령어를 이용하여 백그라운드 작업을 포그라운드로 가져올 수 있습니다.

다음은 fg 명령어의 사용 예제입니다.

```
ostoneo@solaris:~$ fg %1
sleep 60
```

4 포그라운드 작업을 백그라운드로 이동

`Ctrl Z` 키나 bg 명령어를 이용하여 포그라운드 작업을 백그라운드로 이동시킬 수 있습니다. `Ctrl Z` 키는 작업을 정지시킨 뒤 백그라운드로 이동시킵니다. bg 명령어는 작업이 동작 중인 상태 그대로 백그라운드로 이동시킵니다. bg 명령어는 백그라운드 상에서 작업을 계속 동작시킵니다.

다음은 포그라운드 작업을 백그라운드로 이동시키는 예제입니다.

```
ostoneo@solaris:~$ sleep 60
^Z
[1]+  Stopped                 sleep 60
ostoneo@solaris:~$ bg %1
[1]+ sleep 60 &
ostoneo@solaris:~$ jobs
[1]+  Running                 sleep 60 &
```

5 백그라운드 작업 정지

stop 명령어와 작업 ID를 이용하여 백그라운드 작업을 정지시킬 수 있습니다. 다음은 stop 명령어를 사용하여 작업을 정지시키는 예제입니다.

```
ostoneo@solaris:~$ sleep 60&
[1] 19842
ostoneo@solaris:~$ stop %1
ostoneo@solaris:~$ jobs
[1]  + Suspended (signal)          sleep 60
```

> **NOTE**
> stop 명령어는 csh, ksh에서 동작하며, bash, sh, zsh 에서는 동작하지 않습니다.

CHAPTER 11

아카이브 생성

CHAPTER 11
아카이브 생성

― 학습목표
유닉스/리눅스의 아카이브를 이해할 수 있습니다.
아카이브 생성 및 해제를 할 수 있습니다.

― 학습내용
이번 장에서는 유닉스/리눅스 시스템 환경 상에서의 아카이브의 생성, 확인, 삭제에 대해서 알아보도록 합니다. 유닉스/리눅스에서 작성한 프로그램들을 전송하거나 전송받을 때 여러 파일을 하나로 묶어 전송을 용이하게 해주는 기술입니다.
여기에서는 다음과 같은 순서로 상세한 내용에 대하여 다루어보도록 하겠습니다.

11.1 유닉스/리눅스 운영환경의 아카이브 소개
11.2 tar 명령어를 이용한 아카이브
11.3 jar 명령어를 이용한 아카이브

11.1 유닉스/리눅스 운영환경의 아카이브 소개

파일과 디렉토리들을 안전하게 보관하기 위해 복사하거나, 아카이브 작업을 하여 테이프 백업장치에 보관합니다. 원본 파일이 예기치 않게 삭제되거나, 손상이 되었을 때에 보관된 파일을 이용해 복구할 수 있습니다.

아카이브를 위한 명령어는 두 가지가 있으며, 이들 명령어를 통해 아카이브 파일을 생성, 확인, 해제할 수 있습니다.

두 가지 명령어들은 다음과 같습니다.

① tar 명령어

여러 개의 파일로부터 아카이브 파일을 생성하거나 해제할 수 있으며 테이프나 저장 장치 등의 미디어에 저장할 수 있습니다.

② jar 명령어

여러 개의 파일을 하나의 아카이브 파일로 합칠 수 있습니다.

11.2 tar 명령어를 이용한 아카이브

tar 명령어를 이용한 아카이브는 tar 파일을 생성하거나 해제합니다. 기본적으로 tar 파일은 마그네틱 테이프 장치를 위한 것입니다.

다음은 tar 명령어의 사용법입니다.

```
tar function(s) archivefile filename(s)
```

> **NOTE**
>
> 솔라리스 10 이하의 버전은 정통 tar 버전입니다. 정통 tar 버전은 아카이브에 포함될 파일의 이름은 상대경로로 사용하는 것이 좋습니다. 이유는 절대 경로로 아카이브 할 경우 절대 경로에 풀리기 때문에 기존의 파일을 덮어써 버릴 수가 있습니다.
> 현재 솔라리스 11 버전이나 리눅스의 경우 GNU 버전의 tar 이기 때문에 절대경로로 아카이브 하더라도 아카이브 해제 시 현재 경로에 풀립니다.

다음은 tar 명령어의 기능들과 설명입니다.

◎ **표 11-1** tar 명령어의 기능과 설명

기능	설명
c	새로운 tar 파일을 생성합니다.
t	tar 파일의 내부 내용들의 리스트를 확인합니다.
x	tar 파일을 해제합니다.
f	아카이브 파일이나 테이프 장치를 지정합니다. 만일 아카이브 파일을 '-'로 지정하였으면 이는 tar 명령어가 tar 파일로부터 standard input으로 읽어들이거나, standard output으로 tar 파일을 생성한다는 것을 의미합니다.
v	tar 명령어 수행과정을 자세히 출력합니다.
h	아카이브 하려는 파일이 심볼릭 링크 파일인 경우 원본을 아카이브합니다.

1 tar 명령어를 이용한 아카이브 생성

tar 명령어를 이용하여 디렉토리를 포함하여 여러 파일을 하나의 아카이브 파일로 생성할 수 있습니다. 아카이브 파일은 테이프, 디스켓, 또는 이메일 메시지에 포함되어 위치할 수 있습니다.

다음은 apple, kiwi, banana 파일을 fruits.tar 파일로 아카이브 하는 예제입니다.

```
ostoneo@solaris:~$ tar cvf fruits.tar apple kiwi banana
apple
kiwi
banana
ostoneo@solaris:~$ file fruits.tar
fruits.tar: POSIX tar archive
```

2 tar 명령어를 이용한 아카이브 확인

아카이브 파일을 해제하지 않고도 아카이브 파일 내부 파일들의 이름들을 확인할 수 있습니다.

다음은 fruits.tar 파일의 내부 파일이름을 확인하는 예제입니다.

```
ostoneo@solaris:~$ tar tvf fruits.tar
apple
kiwi
banana
```

3 tar 명령어를 이용한 아카이브 해제

아카이브 파일을 해제하여 아카이브 내부의 파일들을 사용할 수 있습니다.

다음은 fruits.tar 파일을 해제하는 예제입니다.

```
ostoneo@solaris:~/fruits$ ls
fruits.tar
ostoneo@solaris:~/fruits$ tar xvf fruits.tar
apple
kiwi
banana
ostoneo@solaris:~/fruits$ ls
apple   banana   fruits.tar   kiwi
```

11.3 jar 명령어를 이용한 아카이브

jar 명령어의 사용법은 tar 명령어의 사용법과 대부분 유사합니다. 하지만 jar는 tar와는 다르게 압축기능이 있습니다. jar 명령어는 java기술을 사용한 명령어로서 반드시 해당 시스템에 JVM이 설치되어 있어야 사용이 가능합니다.

다음은 jar 명령어의 사용법입니다.

```
jar option(s) destination filename(s)
```

다음은 jar 명령어의 옵션들과 설명입니다.

● 표 11-2 jar 명령어의 기능과 설명

옵션	설명
c	새로운 jar 파일을 생성합니다.
t	jar 파일의 내부 내용들의 리스트를 확인합니다.
x	jar 파일을 해제합니다.
f	아카이브 파일의 위치를 지정합니다. 만일 f 옵션을 사용하지 않으면 jar 명령어는 데이터를 화면(stdout)으로 보냅니다.
v	jar 명령어 수행과정을 자세히 출력합니다.

다음은 apple, kiwi, banana 파일을 fruits.jar 파일로 아카이브 하는 예제입니다.

```
ostoneo@solaris:~$ jar cvf fruits.jar apple kiwi banana
adding: META-INF/ (in=0) (out=0) (stored 0%)
adding: META-INF/MANIFEST.MF (in=56) (out=56) (stored 0%)
adding: apple (in=0) (out=2) (deflated -2147483648%)
adding: kiwi (in=0) (out=2) (deflated -2147483648%)
adding: banana (in=0) (out=2) (deflated -2147483648%)
Total:
------
(in = 44) (out = 540) (deflated -1127%)
ostoneo@solaris:~/fruits$ file fruits.jar
fruit.jar: Zip archive data, at least v1.0 to extract
```

CHAPTER 12

압축 및 압축 해제

CHAPTER 12
압축 및 압축 해제

학습목표

유닉스/리눅스 환경에서의 압축/압축해제를 이해합니다.
압축 및 해제를 수행할 수 있습니다.
아카이브와 압축을 동시에 수행할 수 있습니다.

학습내용

이번 장에서는 유닉스/리눅스 시스템 환경 상에서의 압축 및 압축해제에 대해서 알아보도록 합니다. 유닉스/리눅스의 많은 프로그램들이 인터넷상에 배포될 때 아카이브된 파일을 압축하여 배포하는 것이 일반적입니다. 여기에서는 다음과 같은 순서로 상세한 내용에 대하여 다루어보도록 하겠습니다.

12.1 compress 명령어를 이용한 압축 및 해제
12.2 gzip 명령어를 이용한 압축 및 해제
12.3 bzip2 명령어를 이용한 압축 및 해제
12.4 zip 명령어를 이용한 압축 및 해제

12.1 compress 명령어를 이용한 압축 및 해제

1 파일 압축

압축은 디스크 공간을 효율적으로 사용할 수 있는 기술입니다. 큰 사이즈의 파일을 줄이면 네트워크를 통한 전송시 트래픽을 줄일 수 있습니다. 압축되는 크기는 프로그램마다 다르지만 대개 50~60% 정도 줄어듭니다.

compress 명령어는 파일의 크기를 줄이는 명령어입니다.

다음은 compress 명령어의 사용 방법입니다.

```
compress [-v] filename
```

다음은 compress 명령어의 사용 예제입니다.

```
ostoneo@solaris:~$ ls -l
총 2
-rw-r--r--   1 root     root         677  1월 13일 10:11 apple
ostoneo@solaris:~$ compress apple
ostoneo@solaris:~$ ls -l
총 2
-rw-r--r--   1 root     root         484  1월 13일 10:11 apple.Z
```

compress 명령어를 이용하여 압축하면 원본 파일의 이름 뒤에 .Z가 붙습니다. 파일의 퍼미션도 그대로이며 파일의 내용과 크기만 변경됩니다.

compress 명령어와 -v 옵션을 같이 사용하면 파일의 압축률을 확인할 수 있습니다.

다음은 compress 명령어와 -v 옵션을 같이 사용한 예제입니다.

```
ostoneo@solaris:~$ compress -v kiwi
kiwi: 압축: 28.93% -- kiwi.Z로 대체됨
```

.Z가 붙은 압축파일은 압축을 해제하기 전까지 파일의 내용을 확인하거나 출력할 수 없습니다.

2 파일 내용 확인

zcat 명령어를 사용하면 compress로 압축된 파일의 압축을 해제하지 않고 내용을 확인할 수 있습니다. 압축이 중첩된 경우는 정상적으로 확인할 수 없습니다. zcat 명령어는 압축된 파일의 내용을 변경할 수는 없습니다. 압축된 파일은 그대로 디스크에 남아있습니다.

다음은 zcat 명령어의 사용법입니다.

```
zcat filename
```

> zcat 명령어는 uncompress -c 명령어와 같은 기능을 합니다.

다음은 zcat 명령어를 사용하여 파일 내용을 확인하는 예제입니다.

```
ostoneo@solaris:~$ zcat apple.Z
hello

Oracle Open World

Have a nice day!
```

파이프 문자(|)를 이용하여 tar 명령어로 아카이브된 후 compress로 압축된 파일의 내용들 리스트를 압축 해제 없이 확인할 수 있습니다.

다음은 아카이브된 후 압축된 파일의 내용들 리스트를 확인하는 예제입니다.

```
ostoneo@solaris:~$ zcat apple.tar.Z | tar xvf -
tar: 블록 크기 = 4
x apple, 275 bytes, 1 테이프 블록
```

'-' 기호는 파일이나 테이프 장치로부터 입력을 받는 대신 표준 입력으로 tar 파일을 읽어 들입니다.

3 파일 압축 해제

uncompress 명령어를 이용하여 압축된 파일의 압축을 해제하여 원본 상태로 되돌릴 수 있습니다. 다음은 uncompress 명령어의 사용법입니다.

```
uncompress options filename
```

다음은 uncompress 명령어의 사용 예제입니다.

```
ostoneo@solaris:~$ ls
apple.Z
ostoneo@solaris:~$ uncompress apple.Z
ostoneo@solaris:~$ ls
apple
```

uncompress 명령어와 -v 옵션을 같이 사용하면 자세한 메시지를 확인할 수 있습니다.

다음은 uncompress 명령어와 -v 옵션을 같이 사용하는 예제입니다.

```
ostoneo@solaris:~$ uncompress -v apple.Z
apple.Z:  -- apple로 대체됨
```

uncompress 명령어와 -c 옵션을 같이 사용하면 compress 명령어로 압축된 파일의 압축을 해제하지 않고 파일의 내용을 확인할 수 있습니다.

다음은 uncompress 명령어와 -c 옵션을 같이 사용하여 파일의 내용을 확인하는 예제입니다.

```
ostoneo@solaris:~$ uncompress -c apple.Z
hello

Oracle Open World

Have a nice day!
```

12.2 gzip 명령어를 이용한 압축 및 해제

1 파일 압축

gzip 명령어는 유닉스/리눅스 시스템 상에서 사용할 수 있는 파일 압축 명령어입니다. gzip 명령어를 사용하면 원본 파일의 이름 뒤에 .gz이 붙습니다. 파일의 권한과 접근, 수정시간이 변경없이 그대로 유지됩니다.

다음은 gzip 명령어의 사용법입니다.

```
gzip [-v] filename(s)
```

다음은 gzip 명령어의 사용예제입니다.

```
ostoneo@solaris:~$ ls -l
총 2
-rw-r--r--   1 root     root         275 1월 13일 10:40 apple
ostoneo@solaris:~$ gzip apple
ostoneo@solaris:~$ ls -l
총 2
-rw-r--r--   1 root     root          75 1월 13일 10:40 apple.gz
```

gzip 명령어와 compress 명령어 모두 같은 압축 기능을 제공하지만, gzip 명령어는 더 사이즈가 작은 파일을 지원합니다.

2 파일 내용 확인

gzcat 명령어를 이용하여 compress 명령어로 압축된 파일이나, gzip 명령어로 압축된 파일의 내용을 압축 해제 없이 확인할 수 있습니다. 압축이 중첩된 경우는 정상적으로 확인할 수 없습니다. gzcat 명령어는 압축된 파일의 내용을 변경할 수는 없습니다. 압축된 파일은 그대로 디스크에 남아있습니다.

다음은 gzcat 명령어 사용법입니다.

```
gzcat filename
```

gzcat 명령어는 gunzip -c 명령어와 동일한 기능을 수행합니다.

다음은 gzcat 명령어를 이용하여 gzip 명령어로 압축된 파일의 내용을 확인하는 예제입니다.

```
ostoneo@solaris:~$ gzcat apple.gz
hello

Oracle Open World

Have a nice day!
```

다음은 gzcat 명령어를 이용하여 compress 명령어로 압축된 파일의 내용을 확인하는 예제입니다.

```
ostoneo@solaris:~$ gzcat apple.Z
hello

Oracle Open World

Have a nice day!
```

3 파일 압축 해제

gunzip 명령어를 사용하여 gzip 명령어로 압축된 파일의 압축을 해제할 수 있습니다.

다음은 gunzip 명령어의 사용법입니다.

```
gunzip filename
```

다음은 gunzip 명령어를 사용하여 압축을 해제하는 예제입니다.

```
ostoneo@solaris:~$ ls
apple.gz
ostoneo@solaris:~$ gunzip apple.gz
ostoneo@solaris:~$ ls
apple
```

4 아카이브된 파일 압축 및 해제

tar 명령어로 아카이브된 파일의 gzip 명령어 압축을 하기 위해서, tar 명령어로 먼저 아카이브하고 gzip 명령어로 압축하는 방법이 있지만 리눅스에서는 tar 명령어와 -z 옵션을 같이 사용하여 아카이브와 압축을 한 번에 수행할 수 있습니다.

다음은 tar 명령어를 이용한 아카이브 및 압축 수행 예제입니다.

```
ostoneo@solaris:~$ ls
apple
ostoneo@solaris:~$ tar zcvf apple.tar.gz apple
apple
ostoneo@solaris:~$ ls
apple   apple.tar.gz
```

다음은 tar 명령어를 이용한 아카이브 해제 및 압축 해제 예제입니다.

```
ostoneo@solaris:~$ ls
apple.tar.gz
ostoneo@solaris:~$ tar zxvf apple.tar.gz
apple
ostoneo@solaris:~$ ls
apple   apple.tar.gz
```

12.3 bzip2 명령어를 이용한 압축 및 해제

1 파일 압축

bzip2 명령어는 유닉스/리눅스 시스템 상에서 사용할 수 있는 파일 압축 명령어입니다. bzip2 명령어를 사용하면 원본 파일의 이름 뒤에 .bz2가 붙습니다. 파일의 권한과 접근, 수정시간이 변경없이 그대로 유지됩니다.

다음은 bzip2 명령어의 사용법입니다.

```
bzip2 [-v] filename(s)
```

다음은 bzip2 명령어의 사용예제입니다.

```
ostoneo@solaris:~$ ls -l
총 2
-rw-r--r--   1 root     root         275 1월 13일  11:40 apple
ostoneo@solaris:~$ bzip2 apple
ostoneo@solaris:~$ ls -l
총 2
-rw-r--r--   1 root     root          75 1월 13일  11:41 apple.bz2
```

2 파일 내용 확인

bzcat 명령어를 이용하여 bzip2 명령어로 압축된 파일의 내용을 압축 해제 없이 확인할 수 있습니다. 압축이 중첩된 경우는 정상적으로 확인할 수 없습니다. bzcat 명령어는 압축된 파일의 내용을 변경할 수는 없습니다. 압축된 파일은 그대로 디스크에 남아있습니다.

다음은 bzcat 명령어 사용법입니다.

```
bzcat filename
```

bzcat 명령어는 bunzip2 -c 명령어와 같은 기능을 합니다.

다음은 bzcat 명령어를 이용하여 bzip2 명령어로 압축된 파일의 내용을 확인하는 예제입니다.

```
ostoneo@solaris:~$ bzcat apple.bz2
hello

Oracle Open World

Have a nice day!
```

3 파일 압축 해제

bunzip2 명령어를 사용하여 bzip2 명령어로 압축된 파일의 압축을 해제할 수 있습니다.

다음은 bunzip2 명령어의 사용법입니다.

```
bunzip2 filename
```

다음은 bunzip2 명령어를 사용하여 압축을 해제하는 예제입니다.

```
ostoneo@solaris:~$ ls
apple.bz2
ostoneo@solaris:~$ bunzip2 apple.bz2
ostoneo@solaris:~$ ls
apple
```

4 아카이브된 파일 압축 및 해제

tar 명령어로 아카이브된 파일의 bzip2 명령어 압축을 하기 위해서, tar 명령어로 먼저 아카이브하고 bzip2로 압축하는 방법이 있지만 리눅스에서는 tar 명령어와 -j 옵션을 같이 사용하여 아카이브와 압축을 한 번에 수행할 수 있습니다.

다음은 tar 명령어를 이용한 아카이브 및 압축 수행 예제입니다.

```
ostoneo@solaris:~$ ls
apple
ostoneo@solaris:~$ tar jcvf apple.tar.bz2 apple
apple
ostoneo@solaris:~$ ls
apple apple.tar.bz2
```

다음은 tar 명령어를 이용한 아카이브 해제 및 압축 해제 예제입니다.

```
ostoneo@solaris:~$ ls
apple.tar.bz2
ostoneo@solaris:~$ tar jxvf apple.tar.bz2
apple
ostoneo@solaris:~$ ls
apple apple.tar.bz2
```

12.4 zip 명령어를 이용한 압축 및 해제

1 파일 아카이브 및 압축

zip 명령어를 이용하여 다수의 파일들의 아카이브와 압축을 한 번에 수행할 수 있습니다. zip 명령어를 사용할 때 따로 파일이름을 지정하지 않는다면 원본 파일의 이름 뒤에 .zip이 붙습니다.

다음은 zip 명령어의 사용법입니다.

```
zip target_filename source filename(s)
```

다음은 zip 명령어를 사용하여 다수의 파일들에 대해 아카이브 및 압축 작업을 수행하는 예제입니다.

```
ostoneo@solaris:~$ ls
apple   banana   kiwi
ostoneo@solaris:~$ zip fruits.zip apple banana kiwi
  adding: apple (deflated 61%)
  adding: banana (deflated 47%)
  adding: kiwi (deflated 73%)
ostoneo@solaris:~$ ls
apple   banana   fruits.zip   kiwi
```

2 파일 아카이브 및 압축 해제

unzip 명령어를 사용하여 zip 명령어로 아카이브 및 압축된 파일의 아카이브 및 압축을 해제할 수 있습니다.

다음은 unzip 명령어의 사용법입니다.

```
unzip filename
```

다음은 unzip 명령어를 사용하여 파일의 아카이브 및 압축을 해제하는 예제입니다.

```
ostoneo@solaris:~$ ls
fruits.zip
ostoneo@solaris:~$ unzip fruits.zip
Archive:  fruits.zip
  inflating: apple
  inflating: banana
  inflating: kiwi
ostoneo@solaris:~$ ls
apple  banana  fruits.zip  kiwi
```

APPENDIX 1

솔라리스 11 설치

APPENDIX 1
솔라리스 11 설치

─ 학습목표

이번 부록에서는, Oracle VM VirtualBox에서 Oracle Solaris 11 Text 버전을 설치하는 방법에 대해 학습하겠습니다.

1 Oracle VM VirtualBox 다운로드

Oracle VM VirtualBox는 운영체제에서 또 다른 운영체제를 설치해서 테스트 해볼 수 있는 가상화 솔루션으로 오픈소스로 무료로 사용이 가능합니다.

https://www.virtualbox.org/

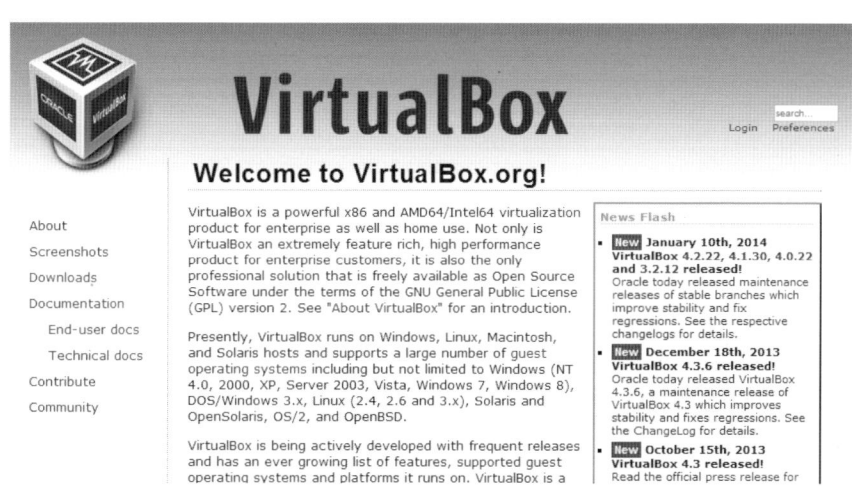

다운로드 사이트는 위와 같으며 일반적인 프로그램을 설치하는 방법으로 설치하시면 됩니다.

2 Oracle Solaris 11 다운로드

Oracle Solaris 11 설치는 크게 두 가지가 있습니다.

- Oracle Solaris 11 Text - CLI 기반의 서버용으로 사용합니다.
- Oracle Solaris 11 Live - GNOME GUI 기반의 데스크탑용으로 사용합니다.

이번 설치에서는 Oracle Solaris 11 Text로 진행하겠습니다.

http://www.oracle.com/technetwork/server-storage/solaris11/downloads/index.html

다운로드 사이트는 위와 같으며 현재(14년 1월 기준) 최신 버전은 11.1 버전입니다.

3 Oracle VM VirtualBox에서 가상컴퓨터 생성

Oracle VM VirtualBox에서 Solaris 11을 설치할 가상 머신을 생성합니다.

1] Oracle VM VirtualBox 메인 화면

〈새로 만들기〉 버튼을 클릭합니다.

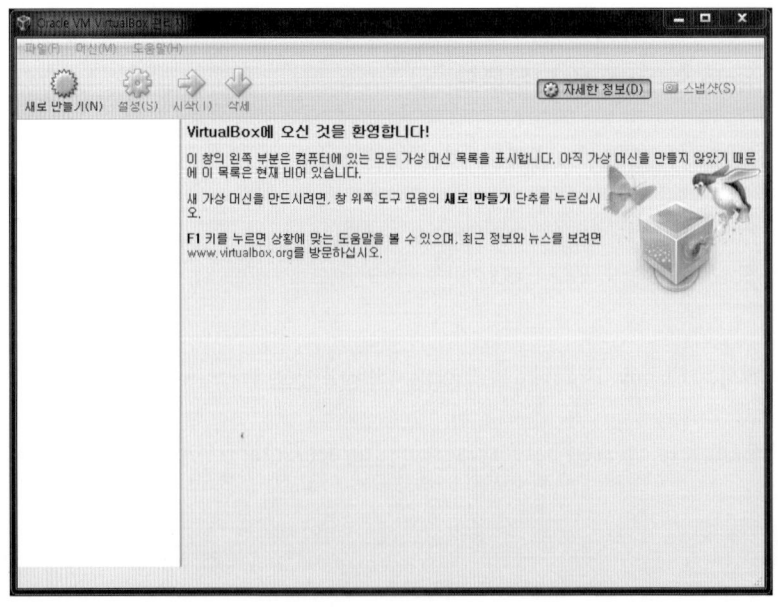

2] 이름 및 운영 체제 설정

만들고자 하는 가상 머신 이름을 지정하고 종류는 Solaris, 버전은 Oracle Solaris 11 (64 bit)를 선택합니다.

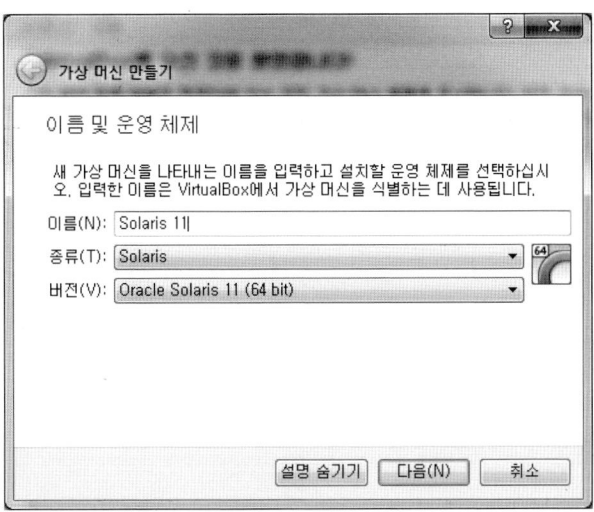

3] 메모리 크기 설정

Solaris 11의 최소 권장 메모리는 1.5GB입니다.

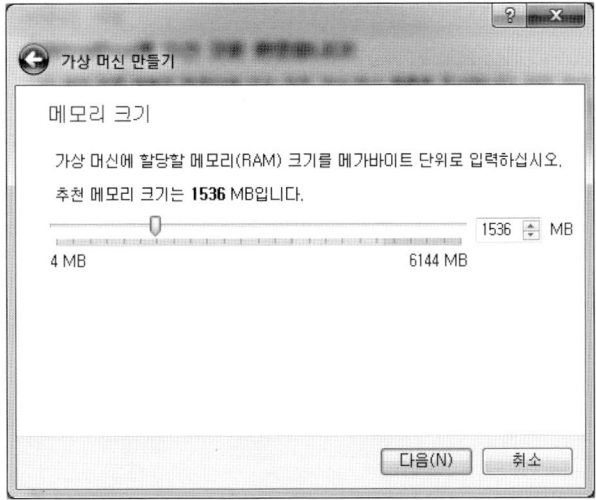

4] 하드 드라이브 설정

가상 하드 드라이브는 만들어진 것이 없기 때문에 새로 만듭니다.

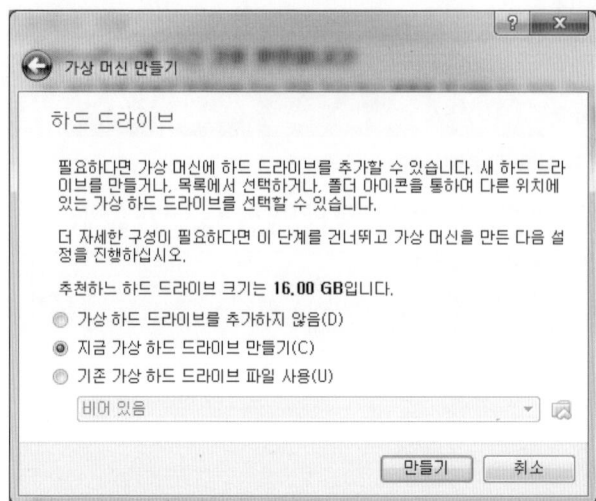

5] 하드 드라이브 파일 종류 설정

가상 하드 드라이브 파일은 VirtualBox 기본 디스크 이미지인 VDI를 선택합니다.

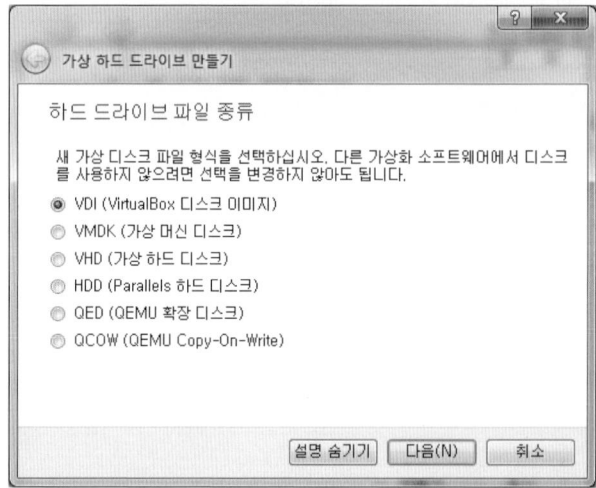

6] 물리적 하드 드라이브에 저장 설정

디스크 공간을 효율적으로 사용하기 위해 동적 할당을 선택하겠습니다.

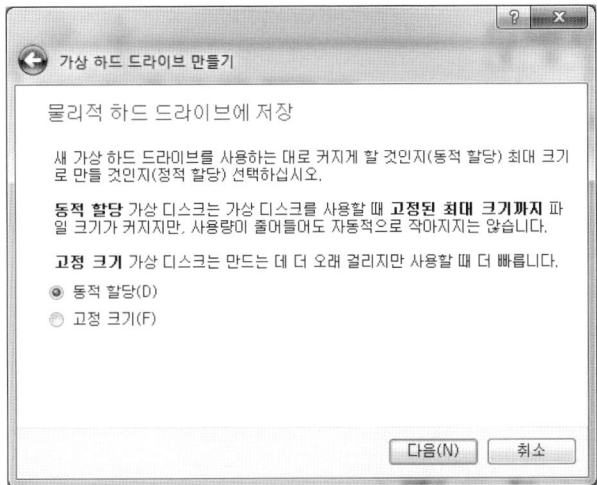

7] 파일 위치 및 크기 설정

가상 하드 드라이브 파일 이름과 크기를 지정합니다.

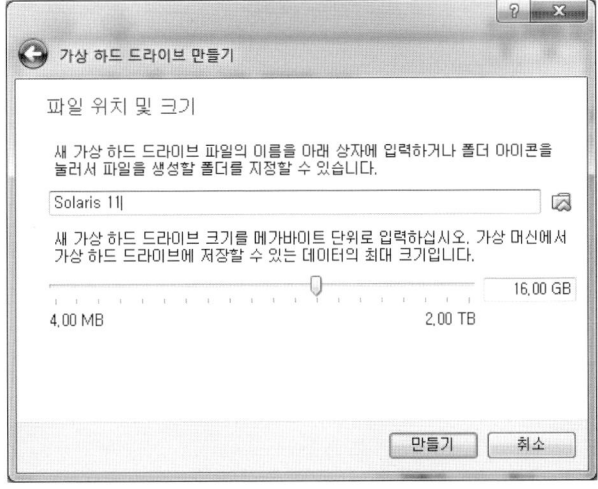

8] 가상 머신 구성 완료

9] Oracle Solaris 11 ISO 이미지 삽입

가상 머신 구성 완료 화면에서 저장소를 눌러 Solaris 11 ISO 이미지를 삽입합니다.

4 Oracle Solaris 11 Text 설치

Oracle VM VirtualBox에서 만든 가상 머신에 Solaris 11을 설치합니다.

1] Oracle VM

VirtualBox 메인에서 시작 버튼을 눌러서 가상 머신을 부팅시킵니다.

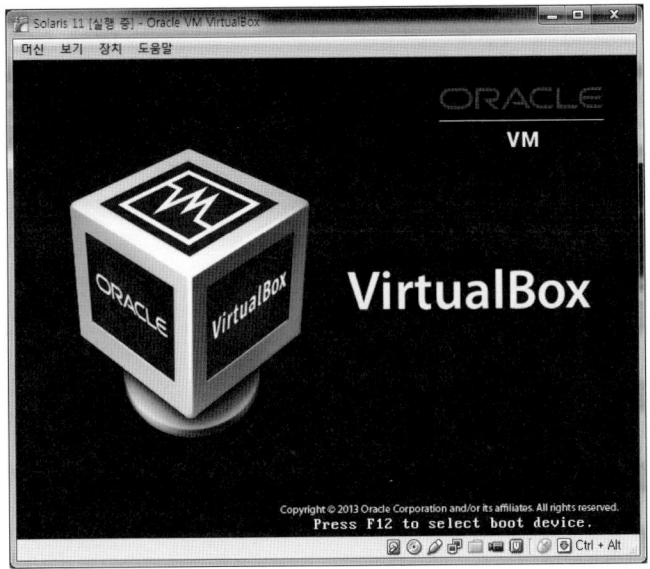

2] 키보드 설정

키보드 레이아웃을 설정합니다. 기본 값은 27. US-English입니다.

3] 운영체제 언어 설정

운영체제에서 사용할 언어를 선택합니다. 기본 값은 3. English입니다.

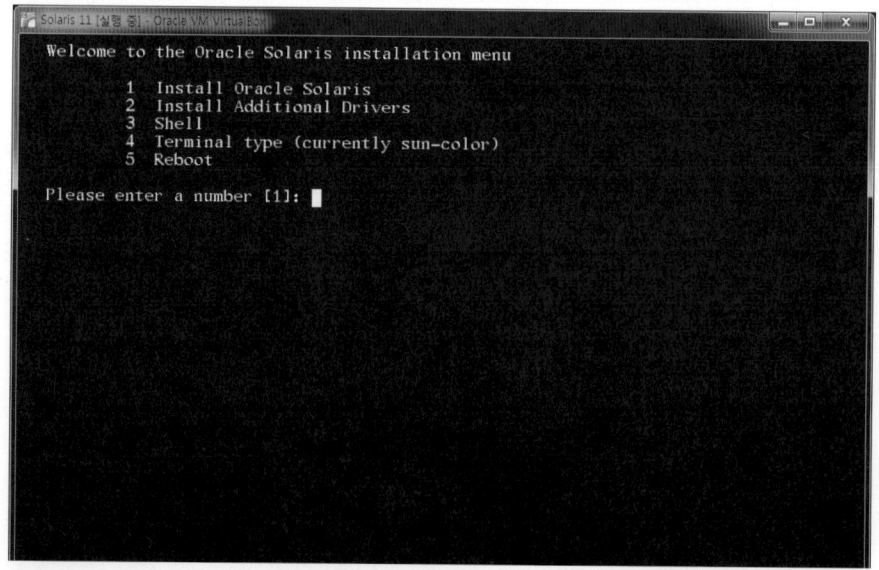

4] 설치 메뉴 설정

1번을 선택하여 설치를 진행 합니다.

5] 환영 메시지

설치와 관련된 로그는 /system/volatile/install_log 파일이 저장됩니다. F2를 눌러 계속 진행 합니다.

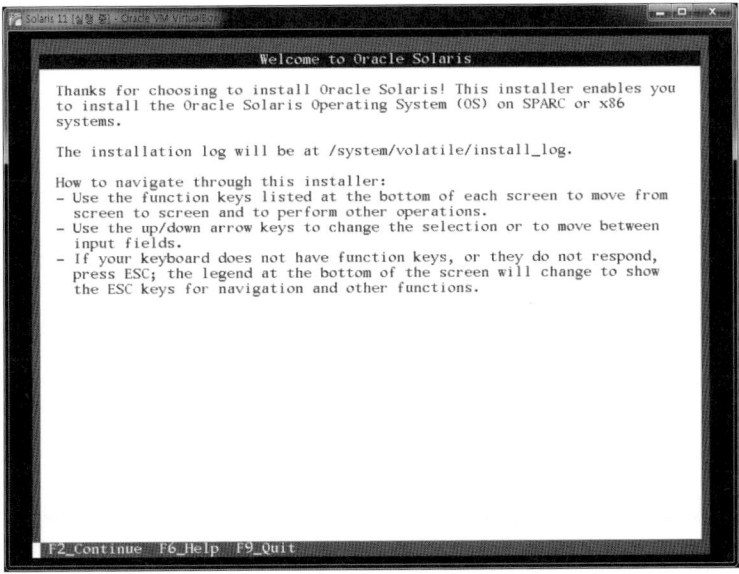

6] 디스크 선택

Local Disks를 선택하고, F2를 눌러 계속 진행합니다.

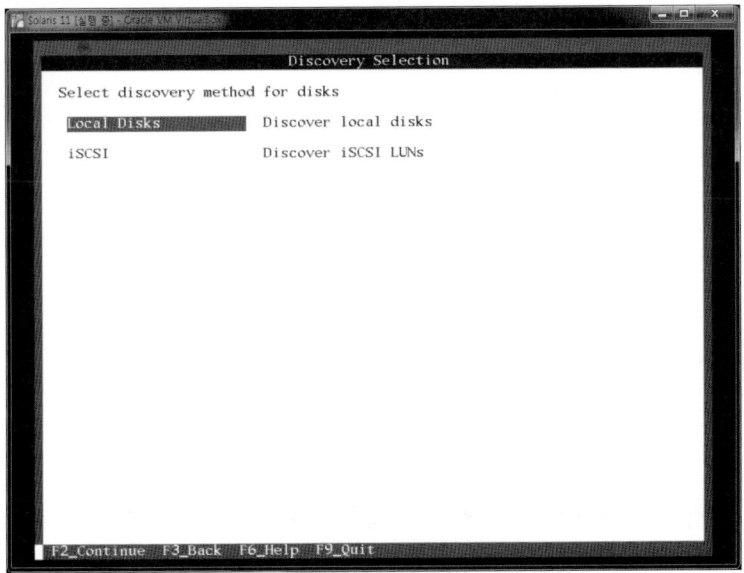

7] 디스크 파티션 설정

디스크는 파티션 설정 부분입니다. F2를 눌러 계속 진행합니다.

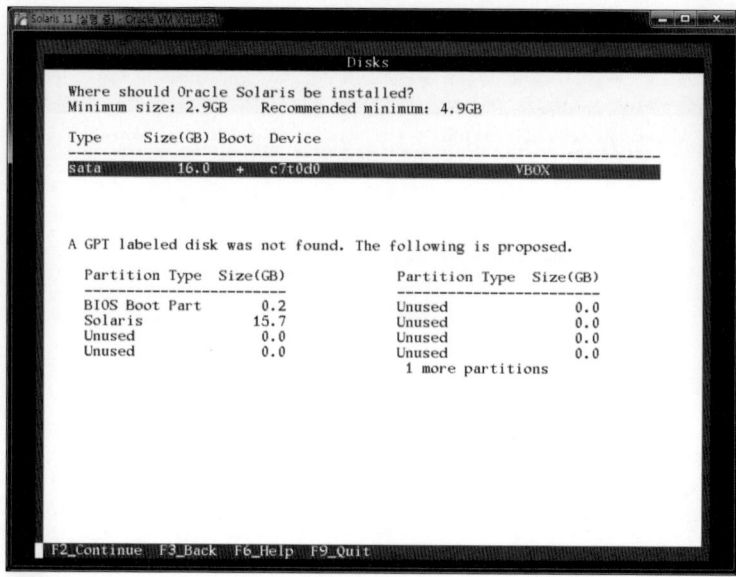

8] GPT 파티션 설정

GPT 파티션이 필요한 경우 GPT 파티션을 선택하고, 아니면 F2를 눌러 계속 진행합니다.

9] 컴퓨터 이름 및 네트워크 설정

컴퓨터의 이름을 설정하고, 네트워크를 설정합니다. Oracle VM VirtualBox에서는 기본적으로 DHCP가 작동하기 때문에 Autometically를 선택합니다. F2를 눌러 계속 진행합니다.

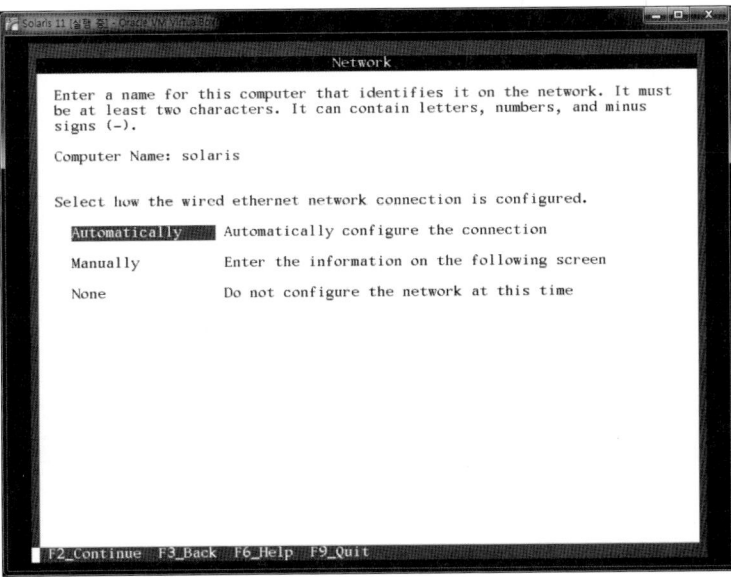

10] 시간대 설정

현재 시스템의 시간대를 선택합니다. F2를 눌러 계속 진행합니다.

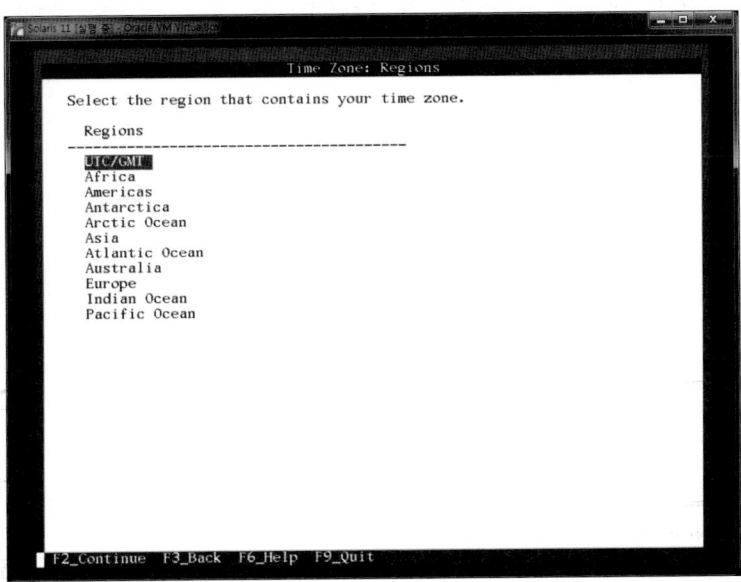

11] 날짜 및 시간 설정

현재 시스템의 날짜 및 시간정보를 확인하고, F2를 눌러 계속 진행합니다.

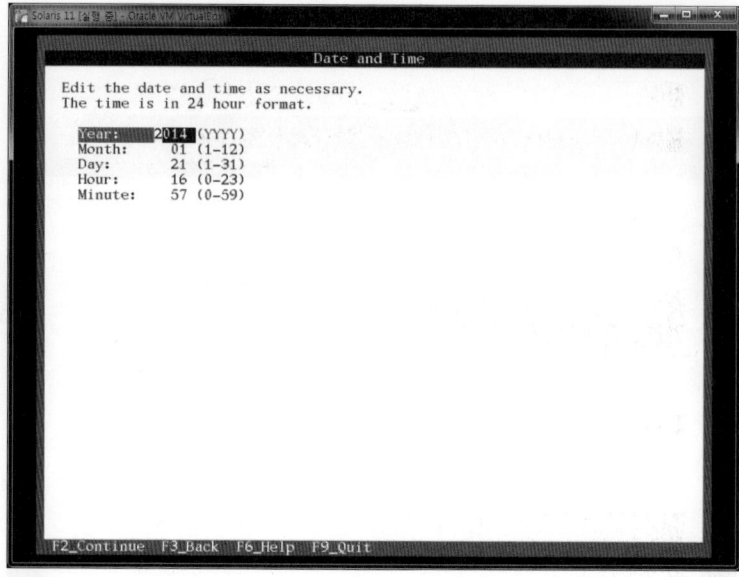

12] 사용자 및 패스워드 설정

관리자(Root)의 패스워드를 지정하고, 옵션으로 일반 사용자 이름과 패스워드를 지정합니다.

일반 사용자를 만들시 RBAC 기능이 활성화 되며, 반드시 일반 계정으로 로그인해야 합니다.

13] 지원 – 등록 설정

정식 지원을 받을 수 있는 버전으로 등록하기 위해서 Oracle 계정과 패스워드를 입력합니다. Oracle 계정이 없다면, F2를 눌러 계속 진행합니다.

14] 지원 - 네트워크 설정

프록시 설정이 있어야 인터넷에 연결된다면 프록시를 설정하시고, 아니라면 [F2]를 눌러 계속 진행합니다.

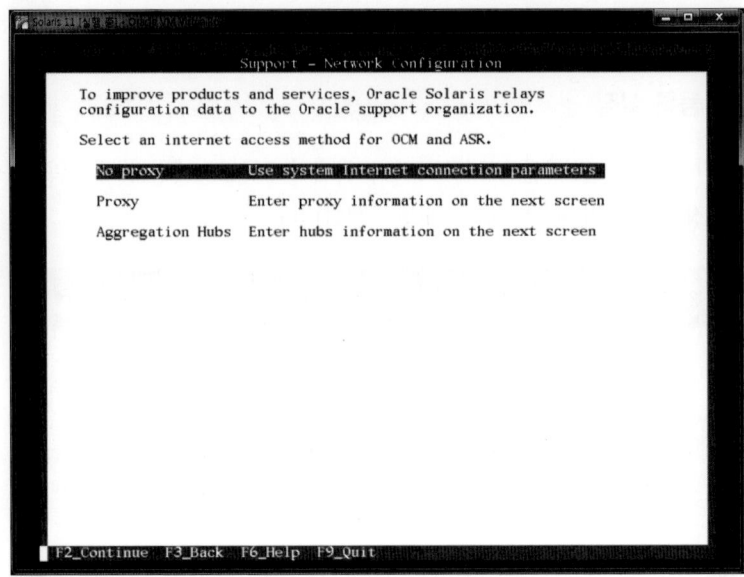

15] 설치 요약

마지막으로 설정 정보를 확인하고, 변경할 설정이 있다면 [F3]을 눌러 뒤로 가서 설정을 변경하시고, 이상이 없으면 [F2]를 눌러 계속 진행합니다.

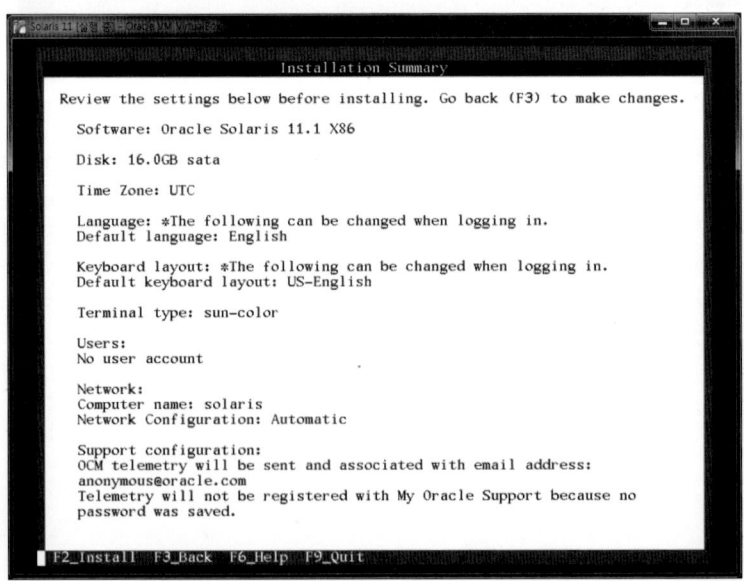

16] 설치 진행

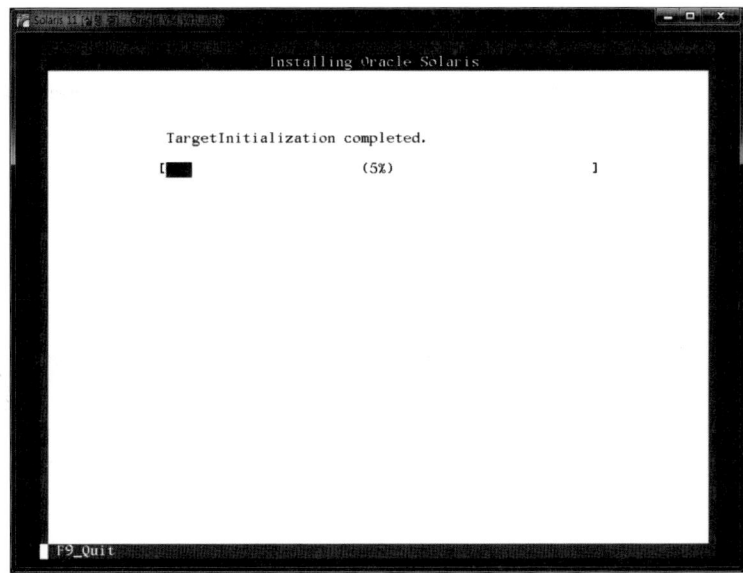

17] 설치 완료

설치가 완료 되었습니다. 가상 머신의 Solaris DVD 이미지를 꺼내고 F2를 눌러 재부팅 합니다.

재부팅이 완료되면 Solaris 11 로그인 창이 뜨게 됩니다.

APPENDIX 2

솔라리스 11 네트워크 설정

APPENDIX 2
솔라리스 11 네트워크 설정

학습목표

이번 부록에서는 Solaris 11 에서의 네트워크 설정 및 확인 방법에 대해서 알아보도록 하겠습니다.

Solaris 11 에서는 Automatic NCP 와 DefaultFixed NCP 두 가지 방식으로 네트워크를 설정할 수 있습니다.

해당 부록에서는 DefualtFixed NCP 방식에 대해서 알아보도록 합니다.

1] 물리적 네트워크 인터페이스 확인

① 데이터링크와 연결된 물리적 NIC와 연관된 정보를 확인합니다. net0는 물리적 NIC e1000g0 의 데이터링크 이름입니다.

```
root@solaris11:~# dladm show-phys
LINK      MEDIA        STATE    SPEED    DUPLEX    DEVICE
net0      Ethernet     up       1000     full      e1000g0
net1      Ethernet     down     0        unknown   e1000g1
```

② Slot 유형과 MAC 주소를 확인하기 위해서는 -m 옵션을 추가하여 사용하시면 됩니다.

```
root@solaris11:~# dladm show-phys -m
LINK      SLOT      ADDRESS             INUSE  CLIENT
net0      primary   0:c:29:68:9e:3d     yes    e1000g0
net1      primary   0:c:29:68:9e:47     no     --
```

③ 현재 이더넷에 등록된 데이터링크의 정보를 확인 합니다. net0는 전이중 방식으로 1기가비트 속도로 작동하고 있습니다.

```
root@solaris11:~# dladm show-ether
LINK      PTYPE     STATE    AUTO   SPEED-DUPLEX              PAUSE
net0      current   up       yes    1G-f                      bi
net1      current   down     yes    0M                        bi
```

2] 물리적 네트워크 링크 정보 확인

시스템의 데이터링크 정보를 표시합니다. 일반적으로 시스템에는 설치된 NIC만큼 데이터링크를 가지고 있습니다. 현재 시스템에는 2개의 물리적 NIC를 가지고 있고 가상 NIC는 존재 하지 않습니다.

```
root@solaris11:~# dladm show-link
LINK      CLASS     MTU      STATE    OVER
net0      phys      1500     up       --
net1      phys      1500     down     --
```

3] 네트워크 인터페이스 확인

네트워크 인터페이스를 확인합니다. IP CLASS는 IP인터페이스를 의미합니다. 해당 시스템에서 인터넷 통신을 하기 위해 사용되는 인터페이스는 net0입니다.

```
root@solaris11:~# ipadm show-if
IFNAME    CLASS       STATE      ACTIVE   OVER
lo0       loopback    ok         yes      --
net0      ip          ok         yes      --
net1      ip          disabled   no       --
```

4] 네트워크 인터페이스 활성화

현재 비활성화 되어 있는 net1 인터페이스를 활성화 시켜준 뒤 상태를 확인합니다.

```
root@solaris11:~# ipadm create-ip net1
root@solaris11:~# ipadm show-if
IFNAME     CLASS      STATE      ACTIVE OVER
lo0        loopback   ok         yes    --
net0       ip         ok         yes    --
net1       ip         failed     no     --
```

> **NOTE**
> 인터페이스 활성화 시 'operation not supported on disabled object'과 같은 오류메시지가 화면에 출력될 경우 'ipadm delete-ip net1' 명령어를 통해 기존의 IP 인터페이스를 삭제한 뒤 진행합니다.

5] IP 주소 설정

-T 옵션으로 정적 연결(static) 또는 동적 연결(dhcp)을 지정할 수 있습니다. 정적 연결 시 -a 옵션으로 주소를 지정하실 수 있으며 IPADDR/SUBNET 형식으로 입력합니다. 마지막 인자에는 인터페이스 이름을 입력합니다. 이때 뒤에 객체 이름을 함께 사용해야 합니다. 기본 설정으로는 v4(IPv4)가 입력됩니다. v6는 IPv6를 의미하며 특정 객체를 지정하여 IP 주소를 받아 올 수도 있습니다.

```
root@solaris11:~# ipadm create-addr -T static -a 172.16.91.150/24 net1
net1/v4
root@solaris11:~# ipadm show-addr net1
ADDROBJ          TYPE       STATE         ADDR
net1/v4          static     inaccessible  172.16.91.150/24
```

6] IP 주소 확인

현재 설정된 시스템에 설정된 모든 인터페이스의 IP 주소를 확인합니다.

```
root@solaris11:~# ipadm show-addr
ADDROBJ          TYPE       STATE         ADDR
lo0/v4           static     ok            127.0.0.1/8
net0/v4          dhcp       ok            172.16.91.143/24
net1/v4          static     inaccessible  172.16.91.150/24
lo0/v6           static     ok            ::1/128
net0/v6          addrconf   ok            fe80::20c:29ff:fe68:9e3d/10
```

7] IP 주소 삭제

net1 인터페이스에 설정된 IP 주소를 삭제합니다. 이때 인터페이스 이름 뒤에 객체이름도 함께 사용해야 합니다.

```
root@solaris11:~# ipadm delete-addr net1/v4
root@solaris11:~# ipadm show-addr
ADDROBJ           TYPE      STATE     ADDR
lo0/v4            static    ok        127.0.0.1/8
net0/v4           dhcp      ok        172.16.91.143/24
lo0/v6            static    ok        ::1/128
net0/v6           addrconf  ok        fe80::20c:29ff:fe68:9e3d/10
```

8] 네트워크 인터페이스 삭제

① 현재 사용하지 않는 인터페이스를 확인합니다.

```
root@solaris11:~# ipadm show-if
IFNAME      CLASS      STATE    ACTIVE OVER
lo0         loopback   ok       yes    --
net0        ip         ok       yes    --
net1        ip         failed   no     --
```

② 사용하지 않는 인터페이스 net1을 삭제합니다.

```
root@solaris11:~# ipadm delete-ip net1
root@solaris11:~# ipadm show-if
IFNAME      CLASS      STATE    ACTIVE OVER
lo0         loopback   ok       yes    --
net0        ip         ok       yes    --
```

INDEX

숫자

8진수 모드	101

A

ALPHA	7

B

Bash	14, 122, 127, 130
Bourne Shell	14, 109
BSD	3, 27
bunzip2	175
bzip2	174
bzcat	175

C

C Shell	14
cal	20
case	-141
cat	42, 116
cd	38
chmod	100
clear	20
CLI	19
CLI 제어 문자	24
Command 모드	81
compress	169
cp	51, 53
CPU	7, 12

D

date	20

E

edit 모드	81, 83
egrep	72
ELF	38

F

file	38
fgrep	73
find	73
for	142

G

grep	69, 153
GID	98, 150
gzip	172
gzcat	172
gunzip	173

H

HP-UX	5
head	43, 45
history	122, 127
HOME	135

I

if	136, 139
if–then–fi	139
if–then–else–fi	139
if–then–elif–else	140

J

jobs	157, 158
jar	163, 165

K

Korn Shell	14, 122
kill	155

L

ls	23, 33
last line 모드	81
LOGNAME	135
ln	63

M

Multics	3
man	24
more	43
mv	54, 58
mkdir	55

P

POSIX	4, 27
PowerPC	7
pwd	33
PATH	135
PS1	135
PID	149
PPID	149
ps	150
pstree	152
ptree	152
pgrep	153
pkill	156

R

RAM	11
rm	59, 61
rmdir	60
read–only 모드	82
r	125
root	129, 155, 192

S

Sun Microsystems	4
SEE ALSO	28
SPARC	4, 7
sh	14
SHELL	13, 122, 129
SIGHUP	155
SIGINT	155
SIGKILL	155
SIGTERM	155

T

True64	4
TC Shell	14
tail	43, 46
touch	55
TERM	135
tar	163

U

uname	20
UID	98, 151
umask	104
until	143
uncompress	171

V

vi 편집기	81, 128
view	82
VirtualBox	181

W

wc	47
while	136, 142

X

XOR	104

Z

Z Shell	14
zcat	170
zip	177

ㄱ

계층적 파일시스템	8
고아 프로세스	149

ㄴ

논리 조건 연산	138
논리 연산자	138
내부 명령어	145
느낌표 (!)	127

ㄷ

다중 사용자	7
다중 작업	8
디스크	12
디렉토리	14
다중 파일	89
대시 (-)	110
대괄호 ([])	112
데몬 프로세스	151

ㄹ

리눅스	4, 7
로그인	14, 193

ㅁ

명령어	19
마침표(.)	34
마침표 두 개(..)	34
물음표 (?)	112
문자열 검사	137
메타문자	71, 109

ㅂ

비주얼 모드	89
별표 (*)	111
방향재지정	114
반복문	142
부모 프로세스	149
백그라운드	157

ㅅ

세미 콜론(;)	23
서브섹션	27
상대 경로	39
심볼릭 링크	63, 96, 138
심볼릭 모드	100
쉘 메타문자	109
사용자 초기화 파일	129
쉘 프로그래밍	133
스크립트 언어	133
사용자 정의 변수	134
시그널	155

ㅇ

유닉스	3, 4, 7
입/출력 장치	12
옵션	19
아규먼트	19
이중 따옴표(""")	113
역 홑따옴표(")	114
인용부호	113
위치 매개 변수	134, 136
아카이브	163
압축	165, 169

ㅈ

절대 경로	40, 163
절대방식	101
정규 표현식	71
조건문	136
제어문	139
자식 프로세스	149
좀비 프로세스	149, 156

ㅊ

창 분할	90

ㅋ

커널	4, 12, 158

ㅌ

틸드 (~)	40
특수 변수	134

ㅍ

퍼미션	95
표준 입력	115
표준 출력	115
표준 에러	115
파일 디스크립터	115
파이프 문자(|)	120
프로그래밍 언어	133
프로그램 변수	134
파일 검사	138
프로세스	149
포그라운드	157

ㅎ

하드웨어	11
홈 디렉토리	38, 40, 88
하드 링크	62
확장 정규 표현식	72
환경 변수	87, 134
홑 따옴표(')	113